U0047279

只是想活得漂亮

每一次得到或學到、每一個失去或擁有、每一種恐懼或快樂

2

工作___從辛苦中得到成就，找到樂趣
必須很努力，才能看起來毫不費力

3

愛情___從來就不必勉強，也不該被勉強
談戀愛前，先理解自己，也請想一想自己要的戀愛是什麼形狀

4

婚姻___到目前為止，依然感到自在愉快
獨立又依賴，深情而不糾纏

5

漂亮＿＿讓我們一起變漂亮
真正的漂亮，是時時刻刻都在自體發光

有些抽屜，會常常打開
整理一下裡面一幕幕快樂的畫面
有些抽屜，卻不是

總是希望那些苦難與淚水
永遠靜靜的躺在抽屜裡面就好了
隨著時間慢慢過去
會慶幸，自己熬過來了
會慶幸，那些抽屜不常，也不想再打開了。

但其實，真正需要勇氣的
不是關上那些抽屜；而是再次打開它們
太太從來不認為她自己可以，或應該出書
因為才剛進入而立之年的她
比起許多擁有更豐富人生的作家，似乎顯得稚嫩許多
但是她仍然願意將她這 30 年來的抽屜
不論喜悲，再次一個個的撬開。

為什麼願意？有一天我問她。
　她說：在過去 30 年中，她的人生大多都是被擠壓在「被
剝奪」「不得不」還有「失去」這些事情上。

　　她現在的快樂很簡單，但是卻得來的非常不簡單，她曾經刻意將愛情絕緣，努力同時拼 4 份工作，去維持她因為突然「失去」父親，所以「不得不」馬上堅強起來撐起一個家，進而「被剝奪」20 ～ 27 歲女孩們該有的生活，當家裡經濟支柱。

　　她希望打開抽屜，告訴也一樣正處在「失去」「不得不」還有「被剝奪」的妳們、你們
　　透過她的掙扎與淚水
　　讓所有的人因為她的文字被擁抱
　　因為她的文字，找到自己的力量與勇氣
　　因為她的文字，找到咬緊牙關，撐下去的理由。

　　「每一個看來美好的人生，
　　都是很多的不美好換來的」
　　加油太太，加油你們。

　　P.S. 每次看到太太對著電腦邊哭邊寫稿我也難過死了，X 的不准寫第二本了。

張兆志

跟小樂認識 30 年了，在哥哥眼中，她從小就是個勇敢、善良又溫柔的女孩子。她曾經有過幾場戀愛、幾次親人的離別、好多年辛勞的工作為家付出、常常吃了這餐就沒時間吃下一餐，卻每一次都微笑面對，即使社會待她並不溫柔、命運也從不善待她，她依然抱著感恩的心面對每一天。

小樂做什麼事都先為別人著想、懂得報恩，做任何事都會花 120% 的力氣努力不偷懶，因此遇到許多人的幫忙，有些「貴人」懂得惜才用才，也捨得花費更多的時間帶領她變得更懂人情世故。也因為視野變廣了，她不僅學會做事，更懂得如何做人，她最常跟我說：放下身段，虛心請教，那些長輩知道你懂事，他們會願意教你更多。

除了懂事、工作勤奮，她還懂得提升自己，當自己變好之後她也會拉拔身旁的人。在無數年辛勞工作為家付出後，我們終於輕鬆了一些，也開始能夠幫助一些需要幫忙的人事物，小從浪浪到動物之家、大從捐獻物資到認養國外兒童，她總是都能為這些事情出一份心力。不僅如此，身旁的朋友遭遇感情和人生問題時，也不厭其煩地鼓勵他們。

有在關注小樂的人會發現她常常說出一些溫暖的話、一些勵志的短言。從她口中聽到最印象深刻的一句話是：「當自己不滿現狀時，就要懂得提升；當滿足於現況時，要存著感恩的心，守護當下的幸福。」

讀完這本書會感覺像是交往了一位閨蜜。

一個人的勇敢、善良和溫柔就在那舉手投足間，大家眼中的樂哥既勇敢也善良，她會在大家遇到困難時伸出智慧的雙手，用溫度擁抱每一個需要關心的人。

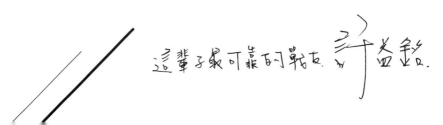

這輩子最可靠的戰友 許益銘

　　許允樂，她是我朋友之中最性感最女人的一個，同時也是最勇敢最 man 的那一個！

　　大家看到她的第一眼一定都跟我一樣，覺得她很漂亮、很會打扮，在我還來不及聯想她的工作是什麼的時候，巴拉巴拉地就連續拿了 4、5 張名片給我，這些名片印的全是她的名字，她一個人兼那麼多份工作？！

　　我記得當時她在她的小紅車車上告訴我，為了不讓媽媽自己去看爸爸那段路太累太辛苦，所以要努力賺錢買車來載媽媽，為了媽媽，她拼了命地都要好好的照顧剩下來的這個「她」！

　　我大概在六年前認識她，她一直都是這麼地努力生活，永遠在照顧別人，我就是一個她常常照顧的人，我生病了，她來載我去看病；我要發片我緊張了，她就會出現在台下看我；我要登台唱歌了，她也是坐在台下為我加油的那個，小樂已經變成我的一個定心丸了！可能也是因為爸爸早走的關係，我覺得小樂一直要讓自己變成家裡的那個硬漢，在朋友間也是，但她忘記了，她其實也是需要被照顧的一個小女孩！

　　在這一年看到她代言保養品、結婚了、出書了，每天都很充實快樂的樣子，身為閨蜜的我真的真的很替她開心，希望這樣漂亮有自信的她，能一直這樣幸福下去；）

　　小樂，我愛妳呦 ♥

黃路梓茵　　　*Lulu* 2017

不免俗的還是要先囉唆一番，
在你們開始看這本書之前

老實說，真的不知道要如何敲下鍵盤寫出第一句話。
感覺有太多太多話想說，卻又不曉得如何開頭。

寫書的過程中，很多時候我花大量的時間用來閉眼描繪細節，還要把自己丟回過去感受與體會，所以常常不自覺的陷入悲傷、憂鬱、思念，以及心驚膽戰、一觸即哭的情緒。

每當我殘忍的回頭看，都會慶幸這一切已經安穩走過，並且由衷的佩服自己，沒有在抉擇的關頭走偏，還是走在接近理想的道路上，更沒有辜負期待、忘記承諾。

倘若此刻讓我再從頭走過一次，也許做不到了吧？
「許允樂妳到底是怎麼撐過來的呢？」我常常在深陷回憶的時候這樣問自己。

只期盼經歷的一切，不論是得到還是學到，失去還是擁有，恐懼還是快樂，都能在你們將要面臨的每一個困難中，提供更多勇氣跟信心，甚至是捷徑。

無論我們以什麼樣的方式接觸過，見過面也好、聊過天也好、直播瞎哈拉過也好或者只是默默潛水看我，都好！很感謝你們每一天的關注、關心跟關懷。

　　這樣的緣分跟大家給予的信任，往往讓我一秒鼻子發酸、喉頭苦澀，也無比珍惜，到底何德何能？

　　要下筆許允樂這 30 年的故事，說容易也不容易。

　　有一句話一定要說：這本書的一字一句都是因為你們的存在而寫。謝謝這些年，謝謝你們能記得我，這麼一個小小的、帥帥的許允樂。

成長＿＿＿自己和自己商量

謝謝這些經歷，
形塑了現在的我

1

人的內心長什麼樣，
看出去的世界就長什麼樣

女神？不要鬧了！
我只不過是大口吃飯、大聲講話的樂哥。

很奇怪喔！大多數留在身邊的老朋友，一開始都是很敵意我的，千篇一律都覺得許允樂看起來高傲、難相處、很兇、不好親近之類，反正所有的第一印象都很負面。

從小到大，好像早就習慣這樣的眼光跟原罪！對！我把這種誤會稱之為原罪！

「原罪」就是那種明明沒做過的事，死活就是會有人硬要把標籤貼在妳身上，就因為看起來這樣，或者是聽說那樣。

我看起來就是跑夜店、酒量很好的那種女生吧？

殊不知其實我是愛逛夜市，一攤接一攤，一條龍吃到飽的那種人，酒量是一杯睡倒。

往往聽說的都誰的阿姨的表妹的男友的堂姐說的，而且堂姐也是聽來的（暈）；難怪大家都說謠言終究要止於智者。

一直深信，人的內心長什麼樣，看出去的世界就長什麼樣。

心裡面的狀態絕對直直撞，影響著眼前所有人、事、物。

心是美好的，看什麼都會很美，看得見別人的真實跟付出；

也知道每個人都在努力讓自己變得更好，說出來的話自然良善。

不過也有心裡一團糟那種人，看什麼都不順眼，看不見別人發自內心用心的生活，覺得全世界的人都應該要亂成一團；然後用最醜陋的話語批評，只為了合理自己的不平衡，其實這樣真的是很懦弱的。

幾乎都是有了緣分、有了機會能進一步聊天，一開口才讓別人驚覺：「哇賽！妳本人是傻的耶！」甚至有個心直口快的朋友曾說：「長這樣子的女生就很令人討厭啊！」

說真的，直到現在我始終搞不清楚，這是褒還是貶？不過這個朋友碰觸到我的真實之後，也被我順利收編到神奇好友名單裡了，還警告她要搞清楚，我其實是帥，骨子裡是男生的那種帥：我只是愛漂亮，不是真漂亮！

所以我是那種極反差的人，不管說的話、做的事都富含奇女子的帥哥瀟灑味道！（笑）

「只要一分鐘！和妳講過話會喜歡妳！」這是大家最後下的評論。

不過以前我可不是這樣，對於朋友、對於情人來說其實超討人厭的！

現在的我是經過一切不可愛，才懂得擁有此時的可愛！

還有還有，我覺得大家才是最可愛的！（指）

其實沒看過我，卻很相信我。

根本不認識我，卻很熟悉我。

沒談過話，卻把我說的話記牢。

沒相處過，卻又好像時時刻刻擔心我。

沒真正見過面，卻好像沒看到 po 文會想我。

到了現在還沒發現嗎？你們才是真正溫暖的人啊！

你們是我決定坐在這裡一字一句寫書的原因，沒有之一。

來！赤裸裸給大家知道，就從出生 42 天的許允樂開始吧！

宜蘭鄉下的衰尾大姊姊

爸媽工作非常的忙碌，媽媽在做完月子後的第 12 天，也就是我生出來的第 42 天，直接把我產地直送到宜蘭外婆家，一直住到五歲，那時候雪山隧道還沒有開通，去宜蘭要經過很多個山頭，九彎十八拐，離台北好遠好遠好遠。

我是家裡最小的女兒，感覺一定是最被疼愛的，事實上卻是恰恰相反。三歲多開始有記憶的時候，我就有更小的弟弟妹妹要照顧，等於是一個兒童照顧幾個嬰兒的概念，所以雖然我是么女，卻很早就當姊姊了，反正比我小的都歸我管。管事的那個最可憐，就是現在說的責任制那樣，餵這個喝奶，幫那個洗屁股，還要幫外婆準備洗菜擺碗筷。

記得有一次，弟弟吃到一半的蛋糕掉到地上了，結果我莫名遭殃被打得超慘，被揍完之後，我一邊哭還是得一邊把掉在地上的蛋糕清理乾淨。我的童年就這樣過著姊姊的生活，而且還是從小被打到大的衰尾姊姊。

我的外婆長得很美、很精緻、很漂亮，是連手指都好看的女人，在那個年代的說法可以說是很「妖嬌」。還記得她很愛打四色牌，我從小就會被帶去打牌的地方，也許是某個人家的客廳，有時候是雜貨店後面，我記得進去之前，要先按電鈴，報上某種暗號跟名字才能進去，小時候覺得超刺激的。

從小就坐在旁邊看大人打牌，看著看著就會了，大人的牌用舊了就丟掉，我們就撿來玩。很妙吧！所以我從小就會打四色牌。大學的時候有一次過年到朋友家作客，他們家奶奶在玩四色牌欠一咖，隨口問我這個台北人有沒有看過四色牌？要不要學？我就說：我會啊，然後就跟奶奶們打起四色牌來，還打了一晚上，直接逗得奶奶很開心，也嚇瘋我的朋友。

常在宜蘭被打，好險有外公護著我。有一次穿著白色衣服衝出去旁邊的空地玩，跟鄰居們組了一個野孩子軍團，拿空地上的爛泥巴丟來丟去。等到回神的時候，已經看到外婆遠遠拿著扁人工具衝過來，啊！死定了！我七手八腳想要把弄髒的衣服紮進去，根本來不及！外婆一手把我拎起來，連拖帶拉往回家的方向一邊走一邊扁我，一到家外公就神護衛，所以之後外婆每一下都扁在外公身上，我只要負責哭就好。

在我眼裡 90 多歲的外公很酷，現在想起來他就像古代的神仙爺爺一樣，脾氣好、很溫柔、很善良，特別一般卻又與眾不同，尤其特別疼我。跟他聊天是每天最快樂的事，他懂得好多好多，好像有講不完的故事，教不完的知識。在我似懂非懂的年紀，他就把我當大人，還會交付給我小小任務讓我獨力完成，但我知道他會在遠遠的地方守著我，看著我完成，還會告訴我直到現在都還記得，也還受用的道理，既溫順又堅毅。

我們其實並沒有血緣關係，但我的兒時記憶裡，外公的畫面有好多好多。

跟著神仙外公一起作息，每天晚上六點準時吃完晚餐去散步，接著準時陪我看一集《青青河邊草》，準時七點半睡覺，準時凌晨四點起床，呼吸、走路、運動、在大樹下靜坐。還記得冬天的清晨好冷、空氣好冰，當時的鄉下還有推車在街上叫賣燒～肉～粽，只要聽到遠遠的燒～肉～粽，我們就對看一眼往那個方向快步走，外公會招招手攔下老闆，買一顆給我，還記得燒肉粽抱在手上暖香香的、熱呼呼的。

高中二年級時，有一天媽媽打電話到學校幫我請了事假，把我帶去醫院。看到外公躺在病床上我就哭了，他要我低下頭給他摸，說：「不哭！我沒有生病，只是器官用了一百多年，身體沒力氣要休息了。外公走了，最後給妳一個任務，記得一輩子都當一個良善溫暖的女孩，就像妳從小到大那樣。」

說完，外公就閉上眼睛，像從前陪我看完青青河邊草那樣子睡著了。

那一秒外公離開我了，沒有任何病痛，那年他 108 歲。

這是我第一份割捨的情感，也是我人生中第一次知道，真的有人會在生活裡消失，是真的不見的那種消失。

而我至今仍在執行著外公交代的任務：良善、溫暖。

爸媽一直以為我是不愛哭的孩子，其實只是不在他們面前哭

　　因為宜蘭離台北有幾個山頭那麼遠，大概兩、三個月我可以回台北家一趟，是最最最幸福的事了！坐上小阿姨白色大車後座，小小的我一路保持清醒，睜亮眼睛、伸長脖子期盼，除了一條又一條的山路之外，有特別記得的幾個特殊建築物，經過了一個就知道離家更近了一點，可以回家當小女兒、當妹妹了。爸爸會把我扛在肩上，媽媽會帶我去玩、去吃美食，還可以看哥哥打電動。

　　在台北當三、四天的小公主之後，小阿姨就會來接我。我不吵也不鬧，乖乖的收拾東西上車，坐上白色大車的後座，繫上安全帶，跟爸爸、媽媽、哥哥揮手說再見，看著台北的家越來越小就開始掉那種沒有出聲的眼淚，一大滴一大滴的掉，等到熟悉的地方小到看不見了我也睡著了，睜開眼睛又回到宜蘭當衰尾大姊姊，同時倒數期待下一次回台北的時間。

　　長大後跟爸媽提起這些，他們都很驚訝地問：被打、想家為什麼不說？

　　蛤？是可以說的嗎？我一直以為小時候太小，在台北會造成爸媽的麻煩負擔，所以我得乖乖待在宜蘭快點長大，長大就可以回家。原來他們一直很好奇為什麼我對於別離不太像其他孩子那樣大哭？以為我在宜蘭很快樂，所以不會想念，所以他們很放心。直到長大後我開口訴說，他們才了解，我不是不哭，只是不

在他們面前哭，可能這種肯吃苦又認命、不抱怨不索討的性格，那時候就扎根了吧。從小我就沒有被剝奪感，卻有責任感。

我非常好強也愛面子，可能擔心造成別人的困擾，也怕麻煩別人。因為愛面子所以不做丟臉的事，不管每件事都對自己相當嚴格，像磨兵器一樣，要磨亮才會登場。

雖然還沒當媽媽，但我相信無論是孩子還是社會新鮮人，都必須為自己負責。多幫他一次，他的學習速度就會放慢一次，學習的過程一定會付出各種各樣的代價，不管是過程中的忍耐、時間付出、重蹈覆轍的沮喪、體力的耗損、精神的消磨、屢次失敗的痛苦、摔跤的疼痛都好，等到過了一關又一關，斬了一將又一將，所有磨難經過沉潛以後，這些忍耐、付出、沮喪、耗損、消磨、痛苦、疼痛、挫折，自然就變得有意義。

而這一切，也讓我記憶深刻並且珍惜！

我沒騙你，長大後最感謝的始終都是那個最兇最嚴厲的老師。

教育真的很重要，我的教育來自於沒人把我當孩子。

沒有人哄我，所以面對一切都無法擺爛。

沒有人幫我，所以必須獨當一面。

沒有人教我，必須自己解決問題。

沒有人給我，必須動身去找答案。

當然我的教育還來自於父母的放養。

早就習慣了，
凡事自己跟自己商量

到了五歲，終於能從宜蘭回到台北唸幼稚園。

我先招！本人幼稚園前前後後只唸五天就結束了！（大笑）

記得媽媽完全沒有遲疑，直接替我報名唸全天的中班，在校門口前面，在我的圍兜上別上手帕後，就頭也不回的走了，我自己走到南瓜班門口，看到整間教室的桌椅都是橘色的，還覺得顏色很漂亮，結果走進教室坐下來，差點沒崩潰，每個孩子，不是在流口水噴鼻涕就是在尖叫狂哭。

天啊！幹嘛哭啊？哭屁啊！就是來上課而已，有什麼好哭成這樣啊？

第一天去每個孩子都在哭加尖叫鼻涕，第二天大家還是哭加尖叫鼻涕，到了第三天還是尖叫鼻涕，簡直要把我逼瘋。在宜蘭管事習慣了，所以我完全無法接受失控的場面，趁中午大家午睡的時候，我就把書包往幼稚園門外一丟，爬牆跳出去走回家了。

媽媽看到我出現在家門口，超級納悶的問：「咦？妳怎麼回來的？妳認得路？」隔天她不死心地把我送到更遠的幼稚園，要坐校車哪種，但一樣整間教室都尖叫加鼻涕啊！於是上學第二天我又自己走回家，後來我媽也放棄了，到現在還常唸說：「妳

謝謝這些經歷，
形塑了現在的我

知道幼稚園是沒有退費的嗎？讀五天妳花人家兩學期的學費！」（我再度大笑）所以我幼稚園總共讀了五天，兩間，畢業！

爸爸是做建築工程的，還開了一家水電行在菜市場裡給媽媽顧店。幼稚園五天畢業後，就開始了菜市場遊樂園人生！

每天早上睡醒，我會對著鏡子把自己整理好，尤其對自己要穿什麼出門，一向很堅持也很有想法，誰也不能動搖我。甚至還動手修改衣服，長高了有些洋裝變太短，就把下面的紗剪掉當長版上衣，再配一件緊身牛仔褲，剪我娘皮帶做成腰封之類的，或是把比較大件的衣服，剪成斜肩還抽鬚！反正每天就負責把自己打扮整齊，居然也知道媽媽的口紅塗上去會太紅，所以用手指點壓，讓口紅看起來淡淡的，總之一定要把自己打理得漂漂亮亮才出門。連菜市場賣童裝阿姨都問：「妳這些衣服是哪裡買的啊？怎麼這麼『趴』？沒看過哪裡有賣啊？」現在想起來還是覺得很爆笑得意。

為什麼說整個菜市場都是我的遊樂園呢？因為我真的很會做生意，幫衣服攤阿姨摺衣服、幫麵包攤叔叔打包、幫玉蘭花婆婆收攤、幫豬肉攤阿伯找錢，最厲害的是在炸雞攤招呼客人，因為太矮了就踩在板凳上，夾炸雞、還會秤重，笑咪咪的喊「謝謝阿姨，下次再來喔！」

　　有一次太早起床，不到六點就出現在市場，結果經過豬肉攤阿伯的攤位我大哭拔腿就逃，跑去跟我媽說：那個阿伯沒有愛心，我不要再跟他講話，我媽問我怎麼了？我說：「因為阿伯殺動物，好大的整隻的豬怎麼可以殺？他可能是誰的爸爸或是媽媽啊，真是太壞了。」媽媽跟我解釋好久，我實在太震驚了！我終於明白，原來之前在豬肉攤看到小塊小塊的肉就是大豬的肉。導致我直到現在肉都吃不了太多。

　　在菜市場串門子的時光，整整有兩年之久，那時候菜市場的大人都說我是「妖精八怪」，大家覺得這小妮子太聰明又太不怕生了，畢竟從有記憶以來，我必須在遇到困境時自己脫身、也必須在遭遇麻煩時自己想辦法、難過時自己消化！早就習慣了，凡事自己跟自己商量。

　　現在想想，有哪個家長會放任一個五歲的孩子自己在路上走呢？讓孩子自己照顧自己？除了我那個奇葩媽媽之外，應該沒有了吧？

放養的童年，我自己入學

　　有天我突然沒有出現在菜市場，媽媽下午回家還罵了我一頓，問我：到底跑去哪玩了？我默默地說：「去上學呀，今天是小學一年級的入學日。」嗯哼！她果然不知道！

　　故事是這樣子的：有天打開家裡信箱幫全家人收信，其中一封印的是我的名字，信封上還有我家附近那間小學的名字，算一算時間我也快七歲了，應該是要我去上小學了吧？所以我把日期跟費用記下來，提早幾天去買書包跟鉛筆盒，當天就帶著學費自己走去學校報到。

　　到學校之後，我在校門口大公佈欄上找到自己的名字以及班級名稱，我走到一年五班教室坐下來。以前小學開學後面都會站一排家長，誰誰誰的媽媽在哪裡（揮揮手那類的），點到我的名字時，我直接站起來，把學費跟入學通知單直接給老師。一直到學校第一次懇親會，我爸媽才出現，不然老師可能真以為我是孤兒。直到現在，我媽依然想到就哭笑不得，怎麼會有孩子自己去學校註冊啦！？

　　剛上學有件印象很深刻的事，一學會拿筆寫作業時，因為字太醜，被爸爸很嚴厲地說：「女生寫字不能醜，要整齊要漂亮，字就像人一樣！」字歪了要擦掉重寫，拿筆姿勢不對也要擦掉重寫，就這樣寫作業寫了三個多小時，直到我拿著筆睡著為止，

媽媽非常生氣，說沒有人這樣嚇小一的小孩的，不准爸爸再管我的課業，並且告訴我要自己負責跟練習。

所以接下來不管是聯絡簿還是考卷，放在客廳我媽永遠都忘記簽，後來乾脆叫我自己簽（？）。看到好多同學考一百分之後，隔天就會有父母買的獎勵禮物，我有次回家開心的說：「媽媽妳看～我考一百分耶！」媽媽就說：「應該的吧？唸書是妳自己要負責的事，考零分還是考一百分都是妳自己的。」

我的性格，就是在這樣的生活經驗累積之後的無意識縮影，也是懂事之後，我與自己與他人相處的方式。

因為從來不向人取，不討也不要，所以知道**除了自己努力得來的之外，沒有什麼是別人應該給的**，連父母也是，除了給予生命，其餘的，都不是義務。

人一旦在懦弱裡嘗到甜頭就回不去了，不要輕易讓自己有這樣的機會

　　小學二年級的時候，爸爸的公司為人擔保，資金出問題，公司就這樣沒了。印象中，我坐在家裡的沙發上，房子車子都賣掉了，眼睛看到的家具都被搬走。長大後我才知道，爸爸其實還是可以擁有自己的財產，但他卻把所有的資產賣掉，把錢全數發給工人們，因為爸爸是工人出身，知道工人的苦，也知道別人家也有孩子要餬口。

　　從那時候起，搬了十幾次家，最後從台北市搬到新北市租屋，頓時什麼都沒有了，我跟哥哥成了轉學生。到了新學校，第一天爸爸送我到校門口，我一樣自己踏進教室報到，像以前一樣勇敢不怕生，即使這次一切陌生得讓人畏懼跟想哭。

　　放學時間到了，老師問我要走哪個方向的隊伍回家？我才想到自己根本不知道回家的路怎麼走，連新家地址也不知道，但愛面子的我隨便排了一個隊伍，出了校門口我就以學校為中心點，這條路不對就走回學校，重來！不知道回到中心點幾次，走了幾十條路，終於抬頭看到一間眼熟的超市，因為搬家那天，我有到過這間超市幫爸媽買水，才終於找到新家。

　　四點下課，走到家已經七點，我的臉上都是緊張害怕的汗水，加上不准滾下來的淚水。不過家裡沒有人找我，因為當時狀況特殊，大家都在辛苦奔波，沒人有多餘的時間再多關心一

件事了，所以要靠自己。

反正早就習慣跟自己商量，所以不能怕，什麼都自己來也沒關係。後來只要到了陌生的地方，我就努力記得一條路跟一個招牌。無論如何，一定要給自己機會，不能輕易放棄，走錯了再重來，總會走對的！

接下來小學上課很簡單很快樂，最喜歡鉛筆盒打開有整齊的鉛筆、尖尖的筆尖，不過我確實地感受到家裡生活變得辛苦，即使很想到文具行買一台削鉛筆機，還是不吵鬧，請爸爸教我用刀片削鉛筆，所以我非常會用刀片削鉛筆喔。

這就是家庭給我的訓練，沒有任何的捷徑、任何的靠山、任何的幫助。也一直清楚，面對傷痛不能只是逃避，歷經痛苦也不能只是抱怨。

我更知道本性難移，不管什麼樣的試煉，人的特質都不會變太多，**一直到現在，遇到大大小小的風雨，我總是盡量想辦法讓風雨看起來不那麼糟糕**，也不許自己第一秒就懦弱、求救、龜縮。

人一旦在懦弱裡嚐到甜頭就回不去了，不要輕易讓自己有這樣的機會。

小挫折就逃避，
接下來遇到問題就會本能的想逃

不知道為什麼，在學校裡我老是當班長，可能看起來就是像帶頭的人。

國中階段是我最不快樂的日子，導師的宗旨是「女生愛漂亮就是變壞的開始」，看起來要很笨、很呆、很俗才是乖，在我們那個還有髮禁的年代，耳下三公分還算基本的，但我們老師規定頭髮不准超過耳下三公分，以及很多只有我們班有的服裝儀容規定。所以放學後去上舞蹈班又愛漂亮的我，即使功課不錯，但在老師的眼裡仍然不算是乖學生。

平常的自信、大方、獨立、有想法在老師眼裡是標新立異，但到了學校需要才藝表演或各種比賽的時候，老師又很欣賞及重用我的一切。這種落差，真的好幾次差點使我人格分裂。

後來發現真的有一種老師喜歡把學生分裂，希望學生平時安靜到爆，也不需要有自己的意見；但需要代表班級出去演講的時候，又希望你能夠開啟口沫橫飛模式，大隊接力或是運動比賽的時候，要能在旁邊喊衝啊跑啊快呀！真是辛苦！當然也有一種老師相反，反而希望學生擁有自己獨立思考的能力。

終於我忍不住跟爸爸提出想轉學的念頭，爸爸說：「隨遇而安吧！如果因為老師的規矩讓妳感覺小挫折，就馬上想著轉學想著逃避，那接下來的人生，只要妳遇到問題，就會本能的想逃。」所以我就留下來面對了，面對也感謝這一切，直到現在，

我只要遇到問題就本能的比誰都冷靜，也比誰都勇敢，不逃避。

　　眼見家裡的狀況一直都沒有好轉，國二開始，每個星期五放學後及星期六、日整天，還有整個暑假跟寒假，都在火鍋店打工，就沒再跟家裡拿過零用錢，拼命打工的我很快樂，每次領薪水就交給家裡，對於自己能有貢獻感覺很棒。工作雖然很辛苦，但也是這份工作讓我了解自己擅長與人溝通交流，具有行動力。

　　從那時候開始，我覺得自己是真的大人了，比小時候更能容忍辛苦。當然也會有疲勞跟壓力大的時候，所以就養成了一個小小的舒壓習慣──當厭煩的感覺來襲，我就整個人反過來睡（頭跟腳換邊），隔天早上眼睛一睜開會有點緊張：這裡是哪裡？大概兩秒之後就會發現還在原來的地方，只是方向不同了。

　　不過在生活裡，小小逃避也是必要的，有時候遇到很煩很糾結的事，就逃吧！把筆電闔上，離開臉書，拿出一本真實可以翻動的書，把自己丟進別人的故事裡，經歷主角的故事，沈澱、冷靜完後再來處理自己的故事，這招很有用的！**但請不要就走遠了，要記得回頭面對！**
　　下次覺得自己快要人格分裂的時候，不用怕，也不必太錯愕，搞不好能分裂出更好的自己。

收進眼裡，
也是一種擁有

　　八歲開始學跳舞，民族、現代、武功、芭蕾什麼課都上，國小畢業有幸代表台灣遠赴加拿大參加十三國國際聯合舞展演出。那時候跳舞是好快樂好幸福的事，曾經以為長大後會理所當然的成為舞蹈老師。

　　高一時，某一場芭蕾舞表演意外摔出樓梯，踝韌帶嚴重撕裂，團長要我暫時別穿硬鞋了，得休息半年以上再評估，這個宣判就像鋼琴家的手受傷，人生瞬間像沒了希望。

　　因為學期中斷所以只能被迫轉系，也不想管是什麼科系，反正我打算軟爛在新班級裡，混一混時間就好了，反正腿廢了人生應該就這樣了吧？

　　新的班級、新的學期開學，又莫名當上班長（我看起來是班長臉嗎？）我的導師是英文老師，一個短髮又洋派的時髦女子，大方又不拘小節，有趣又快樂的一個人。在新的班級一邊養傷一邊乖乖上課，這也是人生第一次出現混吃等死、自暴自棄的狀態，但老師一直積極報名各種班級代表比賽，我默默替班上得了幾張才藝表演的獎狀，好像也開心了一點。

　　老師似乎知道我是為了什麼轉來她的班級，有次她指著月曆說：「這天把時間給老師，我帶妳去一個地方。」那是一個很冷的冬季，那天是莫斯科芭蕾舞團來台灣的演出，永遠記得從第一個舞者出場到終曲，我都激動得渾身發抖，鼻頭發酸、

喉頭苦澀、眼眶的眼淚一湧而出停不住，不知道要怎麼形容那種感受。

　　本來我也可以如此挺著身站在舞台上，現在卻一點機會也沒有了；但沒想到，有人會為了彌補我心中的遺憾，帶我欣賞這樣一場精彩又盛大的芭蕾舞演出。至今我仍然銘記在心，也一輩子都感謝老師及時給予我的這份溫暖，就像抱在懷中的暖爐一般，溫暖卻不炙燙。老師對我說：「就算受傷了，再也無法成為夢想中的自己，但沒關係，即使是這樣，也可以把這份美麗收進心裡，這樣也是一種擁有喔！」

　　不輕易哭的我，又不爭氣的哭了一次

　　但這一次的眼淚是感激被理解，感謝這道溫暖不刺眼的陽光。

　　老師還鼓勵我，有方向的人生才會快樂，別忘記有新的目標。

　　也許是比較容易從別人的話中領悟，那天的我明白了什麼是釋懷，變得容易知足、容易滿足，也變成了即使很喜歡，也不一定要得到的那種人。覺得能擁有一點點快樂，一定是用盡好多幸運了。

　　一年過去後，決定不再當靈魂喪屍，**因為我知道這條路崩塌了還會有另一條路可以走**。我選擇重新出發，重新設定目標，也選擇了新學校──制服很美的那一所學校。

要真的努力過了，
才可以說是自己運氣不好

　　當大家還在放暑假的時候，我就帶著轉學資料去新學校報到，記得那天站在教務處櫃台，辦理轉學手續的老師以目光從頭到腳掃描我一次，然後開口說：「唸美容美髮科吧？！」，我搖搖頭。她試著說服我，唸美容美髮科很不錯啊，很容易上手喔。

　　「那不然餐飲？還是家政？不然日文、英文？」

　　我都沒有反應。

　　最後她說：「我們還有護理科啦，可是很難畢業呢。」

　　我眼睛一亮！好啊，就護理科！

　　現在想想真的有點叛逆，越簡單越不想，可是一聽到很難，就偏要挑戰，所以我是護理科畢業的。

　　唸護理科很快樂，上學的時光很開心，學校的活動也都很好玩，國民健康操、創意啦啦隊表演、大隊接力賽還有輔導室來邀請的演出，每個星期的熱舞社時光，好像就算我沒有繼續念舞蹈系，跳舞還是跟我有關係一樣，而且是輕鬆的、愉快的，沒有負擔反而不沉重。

　　護理科的書本都非常厚重，是在公車上可以打暈色狼那種，以前看書包的厚度跟手上提袋的勒痕，就知道這位同學也是護理科的！護理唸得不錯，因為我明白想幫別人之前，就必須記熟老師說的、書上教的，還要徹底理解運用在臨床上。

　　所有基礎的護理都從課本上先學，再進入護理大樓操作，

和同學互相打針練習是真的，老師說醫護必須重視每個小細節，因為對象是人是一條人命，不是一盤菜或是要修剪的頭髮，面對人命是一種責任，絕對不可以馬虎！

到了開始實習的階段我更快樂了，那是真實地走進病房照護病人，要膽大心細、富有同理心、並且把課本上的教學變成實際操作、不能害怕、不能緊張、更不能變成學姊或是醫生的負擔。這個時候我從小養成的不怕生、喜歡與人交流跟樂於照顧別人的性格，讓眼前看似艱難的都變得容易。

很多人常問我，對於未來好迷惘，該怎麼做選擇？

別想太多了，我從來也不知道啊！但我了解凡事起頭難，任何事情沒開始做都不會知道結果。

哪件事情是你知道的才做的呢？我只知道**一旦踏出去第一步，其他就簡單多了**。

也許生長在這個年代，老覺得社會對我們不夠溫柔。

只能更努力，找到自己的舒適圈好好地生活下去。

絕對會有一個地方，讓自己覺得舒服自在，所以努力吧！努力找到屬於自己的舒適圈。

只要努力就好，因為不管在哪、不管做什麼，都會是一個很努力的人。可以想得遠，但別想得多。

要真的努力過了，才可以說是自己運氣不好。

還在用外表評斷一個人，那就真的虧大了！

雖然我媽媽從來都沒有干涉我該唸什麼書、該考什麼試，但有一件絕對嚴格的事，就是不准外宿，連女同學家都不行！媽媽覺得就算是女同學，家裡也會有男生，對於自身安全是一點都不能冒險。所以從小到大，我完全不能在外面過夜、遊蕩，打工完也都要在第一時間回到家。

我在唸高中時期，搖頭丸還有 K 他命正開始猖獗，因為高中唸的是女校，每隔一陣子學校都會趁升旗的時候抽檢，每班被點名或是抽到的要直接到廁所集合，由兩個教官當場核對身分後，一批一批去驗尿。不誇張！護校三年我應該有被抽到驗尿了 10 次吧！

可能看起來就是比較油條、長得比較壞一點，很容易被貼上愛玩的標籤。殊不知，我根本是一個很無聊的人，每天只有打工跟念書，反正也沒做壞事，要驗尿自然不怕！

說多荒唐就有多荒唐！你們知道嗎？看起來很乖的學生，居然在廁所用空氣音拜託我把尿分給她們一點……你真的沒有看錯，就是借尿！蛤？我是有聽過借課本借筆，太不可思議了！居然要跟我借尿？感覺超怪，但很慶幸，經歷這種事，在我眼裡是這樣解讀，凡事只要能問心無愧就足夠。**如果還在用外表評斷一個人，那就真的虧大了！**

長大之後，發現身邊留下來的好朋友，都是乍看凶狠的男生，不然就是看似難相處的女生，卻往往一個比一個更愛動物、愛自己、也愛別人，好善良、好囉唆、好雞婆、好吵、好真實。

總是在最需要的時候排除萬難出現在眼前，粗魯地給個擁抱，帥氣地丟一瓶啤酒給妳，笑妳笨罵妳傻，但也陪著妳哭、陪著妳笑。

這樣的朋友，才是朋友，這樣的人，才是真心的人。

魔鬼是以各種形式存在的

高中畢業後，在醫院工作了幾個月，面臨了好幾次照顧很久的病人忽然過世，有時候在我們面前，有時候是交班的時候才得知病床空了。那種心情真的很崩潰很難熬，說出來可能非常不專業，但是我很快就發現自己好像承受不了，每一次心情都沉重得快要喘不過氣，無論是任何人、事、物，只要包含「離別」的感覺都會很煎熬。

爸爸發現了我的情緒，他提醒我不該勉強自己，不快樂是最可怕的事。是啊！魔鬼是以各種形式存在的，我覺得「勉強」就是。並不是遇到難題就急著繞道轉彎，而是在對自己負責的前提之下，徹底的了解，有些事真的不能夠勉強。

就像有人會問我，為什麼高中的好閨蜜以前天天黏在一起，但是上了大學後就漸漸沒聯絡，也不一起玩了？是不是交了新朋友就不把自己當朋友了？然後傾訴一堆怎麼對她好、她卻不領情的抱怨，甚至開始記恨對方。

其實很明顯，這是環境跟生活圈的改變，但不是每個人都能夠接受的改變，所以大多數的人開始封閉自己、開始跟別人計較，讓關係變得更不快樂。也許更多時候，我們只需要**在距離拉開的時候換個心境**，不要勉強自己去討好他人，也不要勉強別人得一輩子跟你當好朋友，因為一直勉強下去，持續煩別

人，你的身分只會直接從高中好朋友變成高中同學而已。

也有人問我，他明明在愛情裡面拼了命付出，卻得不到另一半更多的愛，於是他一次比一次努力，一次比一次更渴望對方的認可，最後得到的是對方的無情與封鎖。這就是我覺得嚴重的地方，也是現今社會情殺案件層出不窮的原因，無論是男生還是女生，在付出的時候一定要給自己設一個底線，一旦過頭了就要懂得放棄，也要思考一下，也許你給的不是對方想要的。

有的時候我們就是沒辦法接受「被拒絕」，沒有辦法接受「其實他沒那麼喜歡妳」、更沒辦法接受眼前這個對象，此刻就是喜歡交朋友，還尚未有意願定下來的階段。

於是被傷了心的人，就創造了一堆新詞彙來形容我們愛不到的人──「渣男」、「婊子」之類的，能讓傷心好過點嗎？也許吧！把愛情的失敗原因推給另一個人，也許心裡會好受一點。

幾年後，那些當初的「渣男」、「婊子」，卻一個個結婚、有了孩子、也是個好丈夫好妻子、好爸爸好媽媽的時候，才發現，他只對妳渣，她只對你婊而已，原來在天時地利人和的時

候，他們也是會為愛付出的，只不過對象不是你。

　　很殘忍？就接受吧！好吧！哪個女人一輩子沒遇過幾個人渣？

　　如果不接受？那就改變吧！把底限從一萬退回一百，真心很值錢的，不要浪費太多！就不要勉強了吧！苦了自己也苦了別人，何必呢？由愛生恨是很傷身的！

　　唸書時候交的朋友，就是盡量真心、互相鼓勵，別老是規定他的好朋友永遠只能有你一個，動不動就要切八段；至於能不能友誼長存，就等換了環境之後，看兩個人的緣分能不能延續下去。

　　唸書時候談的戀愛，就是盡量的單純、專一，別老想著要明天就嫁給對方，還想好要生幾個孩子，就是把書唸好，有個人讓自己心動還能互相提升，拍拍大頭貼（我那個年代啦），牽牽手，享受心動的感覺，至於初戀就是結婚對象這件事，我只能說要嘛是太幸運，要嘛就是太衰。

　　當有人突然從自己的生命中漸行漸遠，
　　別總問為什麼，只需要接受就好。
　　就是要知道，有些事情終究無奈也無能為力。

　　還有那些隨著緣分所逝去的感情，無論是親情愛情亦或是友情，都真真切切接受，也感謝曾經有的歡笑，並且打從心裡給予祝福。

　　就這樣，學會不勉強自己，也不勉強別人。

短短的、快樂的大學生活

　　發現自己對於醫院裡的生死離別無法釋懷之後，我不再勉強自己了，毅然決然辭掉醫院工作，考進大學。不過，會跑到台南去唸大學完全就是一個失誤畫錯號碼（大笑），接到入學通知才發現，學校居然是在遙遠的台南，差點沒把自己嚇死！全家討論之後，爸媽只說他們信任我，也請我離家生活要更懂得愛自己。

　　老實說，自己一個人到這麼遠的地方生活，心情是有些興奮也有些期待的。

　　開學前一個月，媽媽帶著我去台南租房子，開學前一星期，爸爸開車帶著哥哥陪我一起搬家到台南，現在想起來，爸爸的病是有點前兆的，本來力大如牛的爸爸，那一趟卻搬不了重物，說手好像拉傷了不太舒服。

　　從承租的套房騎車到學校只要五分鐘，開學報到那一天，我正式開始了最快樂的大學生活，遇到了最棒的老師，說有多幸福就有多幸福。也許因為我是台北來的女生，每個同學都疼愛有加，大家都喊我叫「小公主」，我唸的科目是「醫事技術系」，一樣是醫護體系，但面對血液跟試管也許比較不容易傷心。喔！對了！這次，我當上的是副班長！

台南最好玩的就是夜市，開學幾天後同學們約在校門口集合要去逛夜市，本來五分鐘的路程，天黑之後卻怎麼也騎不到學校，大家要我別動，問我身邊有什麼？我身邊只有田（哭）。大家花了好大一番工夫才找到我，從此以後，接下來所有活動的集合點就變成我家門口了，班上同學怕我迷路，就輪流騎車載我。

學期開始沒多久我忽然得了一場重感冒，發高燒整個人癱軟無力，同學們中午休息跟放學後，輪流送飯到我家，除了三餐之外，還有紅豆湯、火鍋、薑茶、新鮮果汁……反正想得到什麼補的、養身的、溫暖的，都往我房間塞了，有看過一場感冒過後，還能胖兩公斤的嗎？就是我啊！

依照傳統，一年級新生要參加啦啦隊比賽，老師問我們想怎麼進行，誰要編舞、選音樂呢？當下我一句話都不吭，畢竟對於跳舞還有些任性的抗拒，不想讓人知道我失去過什麼，結果老師說：就花班費請外面的老師編排囉？這時我才緩緩舉手說：不然，讓我試試看吧。

離比賽只有一個月的時間，編舞、剪接音樂，還要負責挑選全班的啦啦隊服、彩球的顏色，跟比賽當天全班女生的妝髮，是有壓力而且相當疲勞的。比賽當天我們拿下了好成績，在學

校造成一股轟動，還被很多政府單位邀請去表演，我們班啦啦隊的照片，被放上學校網頁跟招生簡章，沿用好幾年才換掉，現在想想，真的很好玩也很有成就感。

大學生活除了擁有一群好同學，每個星期三的熱舞社也是我的最愛，不僅當上了副社長還擔任指導老師，和一群愛跳舞的男生、女生，我們一起練舞、一起宵夜、一起編舞、一起表演，還被邀請到台南縣政府跨年晚會跳開場。

在台南的一切都讓我好滿足，每天把自己打扮乾淨整齊、上課、做實驗、社團練舞、放學跟同學聚餐、逛夜市，好像是真的被大家捧在手心上呵護的公主一樣。

直到媽媽來了一通電話要我週末回台北一趟，說是要拍全家福……

心裡面真的是破了一個洞

老爸身體檢查報告出爐，肺癌，第三期。

爸爸的手已經痛很久，但因為很能忍耐又圖方便就去家附近的小診所看診，醫生都說應該是肌肉拉傷所以開止痛藥，一開始吃藥還能舒緩，後來越來越痛，痛到全身都冒冷汗，才覺得不對勁。

我的爸爸是海軍陸戰隊、兩棲蛙人，朋友都叫他藍波，又高又帥，除了建築、水電，還會樂器、畫畫、寫作、書法、唱歌，煮全世界最好喝的魚湯，真的什麼都懂，什麼都會。小時候學跳舞，民俗舞表演需要一張板凳當道具，老爸就自己幫我做，還刻上我的名字，全班我的板凳最美最漂亮。

從小到大，老爸最喜歡把我扛在肩上，讓我看得好高好遠。
在我心目中像超人一般的存在，怎麼可能會生病呢？

9 月我的大學才開始，爸爸 11 月檢查出肺癌。
當時一個人在台南生活，只要想到就會哭，那種哭是沒有聲音的，是一種無可奈何，也是一種害怕焦急。
我們拍了張全家福，爸爸就把頭髮剃掉，開始做化療了。
還記得每個禮拜二，下午兩堂是體育課，也是爸爸回醫院複診的時間，我固定設定一個鬧鐘，打電話跟爸爸媽媽說說話，

期盼病情能好轉一點。

每次複診後，媽媽就會帶著爸爸到淡水河邊吹風聊天，想多看爸爸久一點，多跟爸爸說說話、牽牽手，還威脅爸爸不能忽然丟下她一個，不然跟他沒完沒了。

老爸沒有任何的保險，也在開始治療時就沒有了收入，這段時間最勇敢的是媽媽，為了每個星期的治療費用還有車資，一邊照顧爸爸一邊去給人家打工，而我跟哥哥分別唸大學和研究所，都要負責自己的生活費。

我最大的心理轉折大概是這個時候發生的，有時候打工時數多一些，薪水就能多一些，就能夠坐統聯回台北一趟，回家陪爸爸。爸爸因為剛做完化療很虛弱，常常躺在房間裡睡覺，媽媽去工作，我呢？什麼都不能做！整晚拿著血壓計跟溫度計坐在房門口，兩個小時進房去幫爸爸量血壓、心跳、體溫跟呼吸，不敢待在房間裡，知道爸爸不想要我看到他這樣，其實我也不敢看，原來生病可以讓一個人變成另外一個人，每多看一眼，眼眶就跟著紅一次。只能坐在房門口等著時間，一個最安心也最關心的距離。

有天晚上十點多，我聽到房裡有聲音，輕輕打開房門，看

到爸爸坐在地上，我倒吸一口氣，爸爸摔下床嗎？趕緊衝上前去，想開燈扶起爸爸的同時摸到地上有一灘濕濕的。原來是爸爸想去廁所，但不好意思叫我，想靠自己的力量爬去廁所，可是做完化療的無力讓他爬到一半就尿出來了。

摸到尿後我沒有開燈，問爸爸有沒有撞到哪裡？摸黑幫爸爸把褲子換掉，用濕毛巾幫他擦拭，扶他上床後換上舒服的褲子，餵他吃藥，等到爸爸緩緩睡著了，才趴在地上開始擦拭收拾，我不敢相信，這一切怎麼可能發生？我的藍波爸爸為什麼變得這麼虛弱？我又掉下了很多無聲的眼淚。

心裡面真的是破了一個洞，心碎的感覺大概就是這樣。

消失不見那種消失

　　大學的第一個長假是寒假，我回到台北一邊打工一邊幫忙照顧爸爸，有一天全家都在客廳，爸爸把每一顆柳丁切得整整齊齊給我們吃，虛弱的開口說：「現在不能幫你們做任何事了，只剩切水果還可以！」我們全家人一起含著眼淚笑了。

　　老爸要我們答應三件事：

　　第一、接下來不要讓爸爸再做化療了。

　　第二、等爸爸走了之後，不要傷心太久，不要常哭，要繼續快樂的生活。

　　第三、代替爸爸好好照顧他的老婆，因為爸爸也不知道媽媽沒有他要怎麼辦？

　　寒假結束，我回到台南繼續唸書。接下來幾個月，爸爸的病情時好時壞，反覆住院，這時候都是媽媽跟哥哥輪流睡在醫院照顧。輪到哥哥的時候，他總是抱著電腦，一邊工作一邊唸書一邊寫程式。爸爸清醒的時候，會放爸爸最愛的電影陪著他看，在電腦上放一張又一張全家照片給爸爸看。

　　哥哥小時候很憨厚，反應很慢，所以爸爸常常覺得他比較呆。其實哥哥是比較溫和，做事很有想法，但是凡事都要規劃好的人，家裡學歷最高的人就是他喔！「大隻雞慢啼」就是在說他這樣的人。

最近這幾年跟哥哥聊到爸爸住院的日子，哥哥說有次爸爸精神比較好，他們兩個去散步，爸爸搭著哥哥肩膀說：「兒子！你讓我很驕傲喔！」

這件事真讓我羨慕，畢竟我還沒來得及讓爸爸感覺驕傲，他就看不到了。

5 月 31 日星期四，一如往常的上學日，三點多，快放學的時候媽媽打給我說爸爸這次住院情況不好，醫生說要做好心理準備，要我星期五下課就立刻回台北。我憋住眼淚說好！四點放學時哥哥也打電話來，提醒我，星期五要立刻回來，我又憋住眼淚說好。

才一回到出租套房，媽媽又打電話來，以顫抖的聲音說：「爸爸走了！現在快回來！」慌了完了，我聽不懂什麼叫走了⋯⋯
我人生中第一次坐高鐵就是這一天，從台南直奔回台北。回到家，爸爸已經拔管了，被放在冰櫃中。隔著一塊正方形的透明玻璃，看著老爸睡去的臉，我很著急，急得發抖，就像玩一場捉迷藏，最後真的找不到那個人一樣，只覺得不要跟我開玩笑了，你快點起來！你那麼怕冷，不要躺在這裡會凍僵！

好幾天一句話也說不出來，只在心裡面一次又一次向老爸

大喊：「你不能這樣子喔！我大學還沒畢業，都還沒邀請你參加我的畢業典禮！你也還沒有牽我的手走進婚禮！我的孩子還沒機會看到藍波阿公……我不相信我們的緣分怎麼只到我二十歲就停止了，那我後面的人生呢？你不參與了嗎？」

　　喪事期間，我一直高燒中，所以很多細節都記不清楚，就是忘記了，想不起來了，只記得我一直都沒有哭，因為我哭不出來。好像被困在一個很黑很深的地方，不懂得求救，只想好好待著，這個地方雖然很黑，但至少有爸爸在。

　　火化那天，眼睜睜看著棺木被推進焚化室，我好著急！著急的終於哭了！
　　我使勁的抓住棺木，無助的問：拜託！可不可以先不要？
　　我知道這顆按鈕一按下去，就什麼都燒掉，什麼都沒有了。

　　他不是去很遠的地方，過陣子就會回來，也不是去樓下買東西待會就上來，爸爸真的會消失，是消失不見那種消失，是摸不到看不見那種消失。

我把你的老婆／我的母親照顧得很好

爸爸離開之後，家裡的氣氛很奇怪，笑聲暫時沒了，變得有些安靜。

可能我們都非常想念他，可能我們各自面對自己的悲傷。

媽媽天天看著爸爸照片、想到爸爸就照三餐哭，沒有節制也沒有遮掩的哭；我則是選擇在洗澡的時候，伴著水聲用力哭了幾次；也曾經過哥哥房門口，聽過我哥很壓抑的哭過。

看著家裡的帳單越疊越高，媽媽白髮越來越多，接下來日子要怎麼過？

我永遠都是我們家最先頓悟的人。

沒時間哭也沒時間抱怨，我把所有的時間跟精力花在找工作上。放暑假回到台北家的第一天我就開始打工，暑假整整兩個月，一個人身上有七份工作，早餐店、服飾店、舞蹈教室當小老師、餐廳、展場、活動現場發氣球、發傳單、餐廳端盤子、夜店當舞者、凌晨再找打烊班。記事本記得滿滿的，深怕錯過任何一個機會。

當時我 20 歲，所有打工的錢加起來一個月可以掙到將近五萬元，暑假結束後我把兩個月賺來的錢都給媽媽，那個暑假，我平均一天只睡 3.5 小時。

接下來大二開學，我甚至不記得自己在台南唸書的過程了，

只記得每個星期五放學，就立刻坐車回台北，一到台北就開始打工，打烊班、早餐店、教小朋友基礎芭蕾、餐廳端盤子、打烊班這樣循環，五、六、日三天排了滿滿工作，沒有睡覺時間，我也不敢睡覺，怕多睡一小時就少賺一小時的錢。一直到星期一的凌晨收工，坐夜車回台南才在車上睡幾個小時，早上抵達台南就直接去上學，好在老師和同學都非常支持我。時常會給我很多鼓勵和一些考試資訊。

接著又是寒假拼命打工，開學後五六日打工，大二要升大三的那個暑假，有一天我正要出門打工，媽媽坐在客廳看風水節目，我坐下來陪她幾分鐘，忽然媽媽脫口而出：「這個房子好漂亮啊，跟我上次去打掃的一間房子一樣。」

我整個人呆了！媽媽被爸爸寵到快六十歲了，現在怎麼這樣在吃苦？

那一天晚上，打烊班下班回到家，我太餓又太累，便進廚房煮泡麵吃，聽到哥哥起床的聲音，他四點出門、六點回到家，沖個澡又出門去研究所上課，下課又去打工。

我開口問媽媽：哥哥凌晨是去哪？媽媽才小小聲說：哥哥去給人家送報紙。

那一刻我再也受不了心裡的悲傷，決定要先暫停學業，我的心意很堅定，想先回家好好賺錢，讓哥哥研究所畢業，讓媽媽能夠感覺輕鬆一點，讓我們家能稍微不這麼的難受跟困頓。

「老師，我要休學！」那一秒傳了簡訊給大學班導。還記得老師協助我辦手續的時候問我：「妳有沒有想過自己未來想當什麼樣的人呢？沒關係，妳慢慢想，不管妳想當什麼樣的人，都要先讓自己看起來像那樣的人，往那個方向走去，會到的。」

休學之後，我開始了每天只睡 3、4 個小時的生活，持續好幾年。

後來的每一個過年過節，給媽媽的紅包永遠是兩人份，除了媽媽自己的，還有爸爸那一份。也許潛意識裡，希望自己能盡可能的接下爸爸的角色，讓媽媽感覺安心幸福。

把他的老婆照顧好，讓媽媽覺得老公離開了，還有女兒在。

此時，十年過去了，我終於可以跟爸爸說：我把你老婆照顧得很好喔。

您牽我小，我牽您老

　　我的媽媽年輕時好漂亮、好瘦、好時髦，去了很多國家玩，最喜歡日本，因為我當了高齡產婦。38 歲懷我、39 歲生下我之後、體重就再也沒恢復過。

　　我的媽媽從年輕又漂亮的小姐，到日復一日當個稱職的媽媽，變得不會打扮也不重視外表。小時候有些同學還以為她是我阿嬤，所以有時候家長日媽媽會特別化妝穿漂亮，因為她知道我好喜歡牽著爸媽逛園遊會，想吃什麼都可以買。

　　我的媽媽讓我從八歲就學跳舞，不論是芭蕾、民族、現代舞都很開心的讓我去做我喜歡的事，學我喜歡的才藝。即使一堂課很貴，她還是省錢讓我去，國小六年級有一個去加拿大兩週參加十三國聯合舞展的機會，不過要花好多錢，一開始我不敢說也沒打算去，沒想到媽媽聽到有這麼好的機會，竟然二話不說的填寫參加。出發到機場那天，她只送我到集合的遊覽車旁邊，沒有跟我一起到機場，長大後有次我問起這件事，才聽爸爸說媽媽覺得那天沒有打扮，不好意思跟其他貴婦家長站在一起，只是在遊覽車旁邊掉眼淚，直到遊覽車開走。她擔心我14 天能不能自己照顧自己，原來我的成長也是母親的成長。

　　我的媽媽沒有太高學歷，所以從不干涉我的課業，甚至連我的高中要填哪一間學校、我的大學該朝哪個方向選什麼課，

她也從來沒有把壓力給過我，只問我：「唸書累不累、餓不餓？」

　　我的媽媽在外婆生病洗腎時，全心投入的照料，自己揹外婆、自己做食糜、自己量血壓測血糖，比護理師還厲害。在爸爸罹癌時全心陪在癌末的丈夫身邊，扛他做化療洗澡餵藥，給予完全的照顧跟陪伴，把一輩子的勇氣拿出來，從來沒聽過一聲氣餒。在阿公老人痴呆症發作時，也曾兩天不敢闔眼怕他摔著了，到了嚴重期連醫生開的安眠藥都捨不得給阿公吃，最後臥床了也是不假他人之手悉心照料、親自抱阿公洗澡、刮鬍子、換尿布。

　　我的媽媽不算是人家眼中的勝利組媽媽，更不會留下什麼財產，也沒有給我們去國外唸書的本事，但是她會在我月經結束時燉四物給我喝，在我來匆匆去匆匆的行程中，笑咪咪的看著我、陪著我喝完一碗湯。

　　我的媽媽會在吃年夜飯的時候，先把公園裡的流浪貓們餵飽才回到飯桌開動，在路上拾金不昧，傻傻站在原地等人家回來，看著電視有人發生不幸也跟著掉眼淚那種人。

　　我的媽媽不高貴不美麗、不是很有氣質，卻很善良很溫暖。在我眼中她很美，常常吃虧，常常被我笑說她今天帶去買菜的錢都給了菜市場口的流浪漢，甚至還買了幾瓶水跟麵包希望他不要冷到、餓到，我問她：「那妳自己吃了什麼？」她就尷尬

的笑說：走回家煮了碗泡麵吃。

　　她很兇、脾氣很不好，但是她的笑有一種魔力，讓身邊的人也跟著笑。雖然媽媽從小放養我，但是非常信任我。很感謝我的媽媽。從小時候對我做的典範、給的教育、細說的忠告，都讓我在做每一個選擇時感到踏實，而我能做的就是連爸爸那份愛一起給她。

　　老爸走的那年，媽媽的更年期剛好也到了，變得蒼老、皮膚乾燥、骨質疏鬆、牙齒鬆動、頭髮白多於黑、不喜歡說話、不喜歡拍照、不喜歡笑、脾氣變暴躁，老公無法像以前開車載她了，更不喜歡出門。

　　老公不在身邊一起看電視、不能一起吃飯、互相分享、沒人鬥嘴沒人牽手散步，媽媽的眼神越來越空洞。眼看著媽媽好像也要跟著她老公不見了，這就是為什麼我要堅持當爸爸的分身，守護這個家的原因。

　　帶她去染頭髮、燙捲ㄙㄟ抖、帶她出國走一走、去復健媽媽手、分期付款讓她做整口假牙，這是最重要的，想跟大家說，長輩的牙口一定要顧好：媽媽因為牙齒少了，咀嚼能力降低，食物咬不細就吞，常常半夜胃痛急診。

　　幾年過去了，媽媽想到老爸還是會大哭，還是滿嘴說她老公我老爸怎樣又怎樣，她的生活很單調，所以講出來的故事永遠都是我跟哥哥已經聽過一千遍的，但是我們每次都認真聽也用力笑，因為聽的不是故事，是媽媽眼裡的閃動跟回味

　　現在媽媽很愛拍照、很愛笑、很三八擺 POSE，愛出去玩、出去看風景，脾氣變好、也很容易開心。她常常說：要幫媽媽多拍照，以後她如果也走了，要選有笑臉的照片比較可愛。雖然我聽到喉頭都會感覺澀澀的，但我很謝謝媽媽：謝謝她替自己也替我們重新找回了那種開懷與笑容，還有傻勁。

　　我的媽媽生下了哥哥跟我後，變成可愛的歐巴桑，再也沒有出國玩過了，她總是把最好的都給了她愛的人。我跟哥哥在爸爸離開的幾年後，存了錢想帶媽媽出國玩，當時我們詢問了媽媽的意見，她呆愣了幾秒後說：「真的嗎？那我要把爸爸的照片放在包包裡，我們一家人第一次一起出國玩。」

　　帶媽媽去她最喜歡的日本玩了十天，吃她喜歡的、買她喜歡的。
　　還記得在日本一起搭電車時，媽媽挽著我的手說：「妹妹！我來日本好開心喔，30年沒來了！不過多花了妳跟哥哥好多錢，拍謝啦。」

媽媽常說：「從前那個年代超過 33 歲生小孩就是高齡產婦了，媽媽 39 歲才生妳，朋友都笑我老蚌生珠！懷妳的時候牙齒很痛但是不敢吃藥怕妳畸形，最後肚子還劃了一刀才把妳抱出來，傷口差點要痛死，妳知道嗎！？」

這些話我從小聽了幾百幾千次，屢聽屢心存感激，謝謝媽媽讓我來到這個世界

還記得日本電車上，媽媽開心地說：「老蚌生珠也沒關係啦，女兒現在牽著我帶我出國玩了。」很多時候看起來是我牽著媽媽，但有時候其實是媽媽在替我暖手。

拼了命工作的那幾年，就怕自己趕不及，如今，趁著媽媽還能走的動，還能享受美食，還能開開心心比 YA，是我最大的幸福。在民宿裡，媽媽睡前看著老爸的照片，說：我今天好開心，好好玩，你看到沒？

這麼多年來，幾乎放棄所有的東西，幾乎用工作把我人生塞到滿，才換得此刻媽媽的笑容，現在想想那幾年失去的，算什麼？

2

工作＿＿從辛苦中得到成就，
找到樂趣

必須很努力，
才能看起來毫不費力

要很努力很努力，才能得到本來應該有的尊重

實驗室總監

沒日沒夜的打工日子過了一年多，有一天，以前實驗科目的博士打電話關心我近況，我說我每天就是忙著打工！打工！還有打工！他說：「妳在實驗室臨床操作一向表現很好，就這樣放棄醫護真的很可惜，想不想要到台北的實驗室工作看看？」

面試後，有了第一份正式的工作，一做就是七年。

還記得那時候實驗室是空的，所有設備跟器材一切從零到有，所有同事跟實驗室操作人員也都跟我一樣是新應聘的。每個星期一到五，八點上班、六點下班。我下班就去打工，六日也打工。

這樣過了幾個月，實驗室要招考領頭羊——實驗室總監，分別是筆試跟操作，其實我不應該報名考試的，因為他們考試的標準是大一到大四的課程內容，而我學校的課程只上到大二，怎麼可能考得過其他準畢業生呢？但我只猶豫了八秒，忽然就燃起一種希望，告訴自己：管他的！關起門來唸書啊！跟他拼了！反正最壞的情況不就是現在了？有什麼好怕的？

剩下幾個月，我除了工作就是閉關唸書。
終於熬到這一天，筆試考完，考實驗室操作。
我永遠記得那天自己的表情：堅定且大無畏。

然後，以平均最高分坐上總監的位置，那年我 23 歲。

其實最辛苦的是接下來，一個 23 歲的女生如何能管理整個實驗室呢？

實驗袍內的少女服飾，很快的全都換成清一色灰、黑、白套裝，至少要看起來接近管理者的樣子，接著投入所有的時間在實驗室裡的每一個人員、每一個項目，那時候的我，常常在實驗室一待就是到晚上 11、12 點才下班，因為我要負責所有實驗，不能出錯。堅持下去，久了，大家會服妳的。

我了解，在工作上，女人要很努力很努力，才能得到本來應該有的尊重。

工作內容太繁瑣，就不贅述了，我只知道從一開始的空屋到之後血液、生物、化學、病理、植栽每一項的技術累積，一次一次都在肯定自己。

很多人面臨毫無經驗的事，會膽怯、會庸人自擾很正常。

幾次下來會發現，真的是凡事起頭難。

如果可以，試著相信自己、說服自己，經歷看看吧！

靜下心來想一想，有幾件事是你知道的才做呢？很少，大多數都是未知數吧？

一旦踏出去第一步，其他就簡單的多。

有一句話說：**必須很努力，才能看起來毫不費力**。我想應該就是這樣了吧？

在這中間，我重新考上了台北的學校，一樣的科系，邊工作邊唸書，最後順利把大學唸完。爸！我大學畢業了！

台北市議會助理

有一回實驗室來了議員的團隊，是要來了解台北市的樹木癌症相關內容，而我就負責做簡報，簡報完後，議員跟我們老闆說：這小妮子口齒伶俐，頭腦很清楚，能不能借將給我們團隊，幫忙選舉？於是我的工作就變成實驗室、議會兩頭跑。非常跳tone 吧？實驗室？議會？妳？

助選的工作是非常辛苦的，不是像大家想的那樣輕鬆，選舉期間，11 月冬天站在競選吉普車上面，再怎麼颳風下雨都還是要跟著老闆、跟著團隊去一一拜票、鞠躬，真的很辛苦。

借將之後議會老闆也不打算把我歸還實驗室老闆了（笑），兩個老闆商量之後，台北市議會直接變成我的第二份正職。好多年來我每天在實驗室跟議會兩邊跑，只有更忙。

正式進入議會初期很辛苦，我在文山區當主任，對於不熟悉的山區常常開到迷失方向，每個要去的行程我都得依靠導航，常常開山路開到暈車。在地方上做選民服務，風吹雨淋是基本款，從早上山上的會勘到下午的協調會、晚上社區的活動，常常累到得在車上睡一會才有力氣回家！不過也是因為這份工作，親眼見到很多相對較弱勢的族群，藉由一些力量來幫助他們，看到他們因為得到正義的幫助而感謝我們時，真的會感動並且慶幸自己有能力幫上忙。

這份工作讓我曉得，社會上存在很多需要幫助的人，也許只是還沒有被看見，希望自己變成有能力的人，能付出更多實質的關心。

很多工作內容在面臨第一次的時候，常常有求助無門的狀況，老鳥都認為妳應該要會，所以那時候的我也會因為感覺陌生所以緊張跟焦慮。

到了現在，不管是誰問我問題，我都盡量雞婆地給予更多耐心，因為我懂、我也了解在困頓時，如果有人能夠多給一句話、一點建議或打氣，都是有幫助的。

我知道的事，你不一定知道，我不該覺得「你應該要知道」。

至少我不要當這樣的老鳥。

咖啡廳老闆

我認為**教育就是把課本教的內容拿掉之後，還留在自己身上的東西。**

當學生的時候，不管是唸什麼書、考什麼試題、甚至於檢定考報名、學分的計算，都由學校跟老師協助跟統一規定。出社會後沒人會幫忙提醒，一切都要靠自己。以前大人總是說「當學生最幸福」，出社會後，想想其實是有幾分道理的。

當上總監的那一年，好像上癮一樣，接下來的歲月，逮到機會就唸書考執照，覺得自己什麼都準備好，就不怕沒有機會。後來考取了美容執照、還有侍酒師執照。

侍酒師在台灣很少聽過吧？是一個國際的課程跟執照，我也是在一個偶然的機會下，報名這個課程（想了解的朋友可以上網查一下）。課程很有趣，學了很多紅酒的知識，教會我怎麼品嚐、認得跟感受。認識了一些朋友，懂酒、懂咖啡、懂雪茄、懂一切調劑生活的元素，我才知道原來生活越來越好，步調就可以越來越慢。

一起上課的同學，有的是餐廳老闆、有的是酒莊的老闆、還有咖啡師……等等。考完試的一次聚餐，彼此交換想法，聊著聊著，我們合開了一間咖啡廳。

　　咖啡廳在永康商圈，舊屋翻修，保留原本建築物的味道，加上有很多專業的香味注入，變成了特別舒服溫暖的咖啡廳小酒館。

　　店內規劃、風格設定、設計、施工，花了非常久的時間，我時不時就在空檔時跑到施工中的店裡，每天多一點，到完成整個裝潢，好像看著自己的孩子長大一樣，很滿足，很期待。從 2010 年到現在，這麼多年了，沒有很常公開説，所以很多人不知道我也是老闆之一。（不是老闆娘喔！是老闆）

　　感謝每個愛上這樣味道的顧客。這家店其實像我：**有點柔又有點剛，不是那麼的大鳴大放，可是卻很純粹。**

品牌 BYLEWAY 主理人

　　大家看到我照片第一眼一定是想：「這個女生是在幹嘛的？」因為我太難猜了！真的是太難猜了！自己都快猜不透了（笑）

　　在網路上出現，是某天心血來潮弄了一個粉絲團，跟大家分享自己童年的小小收藏品、限量的玩具、很酷的老電影角色出的周邊小玩意、可愛的公仔，還有最愛的迪士尼、美少女戰士、Gizmo 等等，一開始是完全不露面的。

　　後來還加了很多元素，也有實用的玩具、用品、穿搭……

好多好多！分享就不只是分享了，大家也開始喜歡我喜歡的一切，有些人想跟我買、跟我一起收藏，而且大家真的是很踴躍，每天都很期待。

不知道哪一天開始，就在每份工作中間的空檔時間專心認真的處理大家的需求，還必須每兩個月跑一次日本採買挖寶，現在想起來其實非常累也非常虐！常常左肩 20 公斤、右肩 20 公斤這樣行走兩個小時，有時候太熱，有時候太冷，但依然樂此不疲。

漸漸地發現我的眼光大家也都喜歡，於是創立了品牌 BYLEWAY，從靈感、設計、選布料、打樣、測量，好多細節都不想姑且，每一件事都龜毛到不行，在工作室一待就是兩天一夜那樣。

一直對金字塔、眼睛、外星人、美人魚，這類神祕的東西很喜歡，雖然沒有真的很深入很瘋狂的研究，不過我就是非常喜歡這些元素。品牌第一個產品是項鍊，再來才是服飾等等很多產品，唯一不變的就是所有的設計都不是趕流行，都只有我愛的元素、我愛的顏色、我的風格、我的堅持。

所以其實我從來沒有爆紅過，每個網路上的朋友都是慢慢累積增加，是因為追蹤品牌，才開始追蹤我、知道我、認識我、了解我。

新加入追蹤我的朋友常常問：項鍊什麼牌子？為什麼妳每天都戴？有什麼意義嗎？

意義大概就是這條項鍊是老娘我自己做的吧！（笑）

品牌跟我的網路生活緊密地連結，一個女生說，有次到麵包店買麵包，看到店員也戴 BYLEWAY 項鍊，她們就相認了。
「妳也喜歡小樂嗎！？」這是她們的相認開場白，還變成了好朋友。

還有一個男生、一個女生來訂項鍊，說是要給另一半驚喜，他們是一對情侶，分別來訂購對方的禮物，為什麼我知道呢？因為他們留的是同一個地址，訂購人是自己，收件人寫的是對方，兩個人都說是要給對方的驚喜，於是我接了訂單，只出了一份對鍊，包裹裡退了另外一份對鍊的費用，還寫上了祝福的卡片，加上小小禮物寄出。

真的很喜歡每一件商品都是有故事、有意義的。

做自己喜歡的事，開心的同時也感染別人。

我的生活分成上半場和下半場，其實人生也是

實驗室總監、台北市議會助理、咖啡廳老闆、品牌BYLEWAY 主理人，這四份工作是同時且並行的。所以每天的生活分成上半場和下半場，分別在四個工作裡輪番上陣。

那幾年的場景現在想想很有趣，一大早嘴裡咬著三明治開車出門，藍芽耳機電話接不停，能夠依序完成行程內容是我最大的任務。幾乎都是凌晨兩點才忙完回到家，有時候累到快要睜不開眼了，就在車上小睡片刻才回家，每天都很滿、很充實。

工作中有一個小確幸，只要時間允許、逮到空閒，我就會去關愛之家走走，抱抱孩子。記得第一次跟朋友一起去的時候，內心很震撼！看到很多嬰兒不像一般孩子一樣被細心照料著或是被全家寵著，但是他們眼裡散發的是渴望被呵護，那是一種無法用言語形容的情感。

每隔一段時間我會帶一些捐款或是奶粉、尿布、小點心過去，看看每個寶貝有沒有比較高比較壯，哄他們睡著，餵他們吃飽拍嗝，每次我從那裡走出來，心裡都會特別特別平靜。

還有還有，在工作空檔跟朋友相約，吃飯聊天很放鬆；能和家人賴在客廳黏在床上大聲笑呵呵最幸福。

四個工作？太累吧？有這麼多年，過著每天只睡 3、4 小時

的生活，周而復始工作，怎麼可能沒有想放棄的時候？但一想到家人，卻又每天都堅持下來。也許你會覺得我過度辛苦，其實這個社會，誰的工作不辛苦？工作是我最願意付出的，因為付出一定會有收穫。

另外一方面，在每個工作裡奔波，真的學到很多東西，交到很多朋友，也認識很多貴人，往往面臨重要的事情容易冷靜下來，很快想出解決辦法。對於貴人，我的定義是：看得到你努力並願意給你機會的人，而非憑空出現幫助的人，所以在工作時相對付出很多、賣力不馬虎。

除了生活分成上半場和下半場，其實人生也是。
因為親身走過許多苦難，所以理解；生、老、病、死不過如此，只是大家的順序不同罷了！
所以我喜歡拍照，也喜歡嘮叨大家要懂得知足跟珍惜。
有時候，會忽然忘記爸爸不在了，回家的路上，像從前一樣幫爸爸買一瓶他最愛的曼特寧咖啡，到家打開冰箱，才發現放咖啡那一層擺不下了，已經是第五次、第五瓶了。
也有的時候，星期天醒來拉開窗簾往外看，以為爸爸會像從前一樣，坐在中庭院子裡抽菸，向我揮揮手說：小豬早安。

有時候，還是很羨慕別人有爸爸。

誰知道那個笑彎了腰的女孩心裡，
是不是其實正下著傾盆大雨？

幾年的日子，過得很苦也很快。每個月所有打工的薪水，清算之前先全部集中對天拜一拜，希望能過關。

每個項目的費用都貼上便條紙——房貸、瓦斯、水費、電費、第四台、電話費、柴米油鹽醬醋茶、媽媽零用錢，便條紙一張一張貼上去，如果不夠，就看哪一樣可以遲幾天繳；如果剛好，那真是謝天謝地；如果有剩，那就是我一個月的吃飯錢。

也不會覺得累，只是睡得很少又很淺眠，稍微有人轉動門把我就完全清醒了。吃也很不正常，好幾次要趕打工，常常空著肚子一整天，忙到發現自己一天都沒吃飯，一邊工作一邊忍著想哭，休息進廁所才敢哭幾秒，擦一擦眼淚再繼續……

好累、好餓、好想爸爸。

有被我亂入生活幾年習慣的人應該都知道，臉書沒發文大概的原因就是心情不太美麗，或是太忙，其實還有一個：身體不舒服。

從小我就有嚴重氣喘、過敏，但是逞強很能忍，硬撐又ㄍㄧㄥ，死愛面子。直到現在，我一共有四次昏倒的紀錄：第一次在高中實習的時候，第二次是大學啦啦隊時，第三次是在台北市議會上班的時候。

每一次昏倒後都留院檢查各種項目，精細到連乾眼症都檢查了。

醫生說：是長期的壓力跟疲勞導致的休克。

我跟醫生說，我覺得沒事啊！其實壓力也沒有很大！

醫生說：最危險就是妳這樣的啦！

住院一天只要覺得應該沒事了，就很想回去工作。

因為不能多休息呀，我不是一個自由的人。

平常不管到哪一定攜著電腦（而且要隨時充飽電），連昏倒住院被強迫留院觀察，也在醒來的時候問：能幫我帶電腦來嗎？

當然度假也不例外！每次整理行李最後把電腦鋪在手提行李箱裡面男友都會忍不住驚呼：妳、這、次、還、要、帶、電、腦？（然後露出吶喊的表情）

不知道為什麼，可能從心裡知道自己不是那麼的厲害但又好強、好面子，又好怕漏掉什麼事情影響其他人。

真的不要以為看到一個人老是笑嘻嘻，她的難過就不會往心裡去。 誰知道那個笑彎了腰的女孩心裡，是不是其實正下著傾盆大雨？

我很沮喪，覺得自己廢掉了

第四次昏倒，是在實驗室開會路上，也是最嚴重的一次。

一陣暈之後，眼前一片黑，右臉直接撞倒在旁邊車子的引擎蓋上，失去意識。

醒來是六小時之後，然後又做了一連串的檢查，一樣是長期的壓力跟疲勞導致的休克。

事情發生在我跟先生剛開始約會的階段，他說那天整個人悶悶的，還一整天找不到我，沒來由的很緊張，直到我在醫院醒來回電話給他。他擔心到沒辦法睡覺，大半夜的兩個小時打給我一次，深怕我有腦震盪睡太沉就醒不來。

這次我自己也覺得嚴重了，由於撞擊力太大，半邊臉的瘀青好久才消失，右邊的小腦袋瓜裡，有很零星的瘀血，常常頭痛到眼睛睜不開，要不然就是感覺暈眩下一秒就吐了。也影響到一些生理功能，初期的時候記性變得很差，常常上一秒才說的話，下一秒完全不知道已經說過，明明已經吃過晚餐，卻又問先生晚餐想吃什麼？

手會忽然沒力，杯子、電腦常常拿著拿著就掉到地上去，手機也因此換了兩三次螢幕。最嚴重的是在實驗室的工作，以前的細菌英文學名，還有很多實驗室的運用書、原文書、筆記，我忽然統統都看不懂了。

是的！第四次的昏倒，嚴重影響到語言區塊，喪失了語文能力（大多是英文方面），以前辛苦背下來的學科統統記不得，即使每晚拿出一個章節，拼命的想背下來，卻屢次徒勞無功，或是隔天忘得一乾二淨。我很沮喪，覺得自己廢掉了，但改變不了，就只能接受。差不多同一個時間，實驗室要搬遷到北京發展，而我選擇留下，留在台灣。

直到現在，很多時候都會害怕事情太美好。

從小到大的經驗都是，只要事情過於美好就容易掉到黑暗處，然後承受巨大傷心。說是悲觀但也樂觀，即使心裡面有一點點難受的時候，都想盡辦法不去影響什麼，好像就很容易撐過去。

也許是自己胸口那顆心很好騙，即使心裡很害怕，只要哄一哄就不那麼害怕。最常對自己說的一句話就是：沒關係，這樣就很好了。

最常對擔心我的人說：沒關係，馬上就會好了。

最常對需要鼓勵的人說：不要擔心，什麼事都會越來越好的。

身體出現問題後，我慢慢地把腳步放慢，實驗室工作暫停了之後，也辭掉議會的工作，決定休養一陣子。唯有健康的身體，打拼才有意義。

從淨身剎到微笑 PEACE

　　我不知道的是，工作積累到現在，機會卻令人驚喜的越來越多。身體修養期間，事情也跟著變少，這時候有工作主動找上門來，是連鎖餐飲業行銷經理的職位。因為品牌 BYLEWAY 的關係，我擁有一套在網路行銷的 SOP，開始接管很多不同公司的專案行銷，開始接觸很多不同行業的管理與合作。

　　真的！不要急！越心急會越不知道自己在做什麼！

　　記得有次在會議中，另外一個合作方的公關打電話給我，劈頭就嗶哩啪啦的說自己的需求跟想要達到的目標結果跟需要報價。這種口吻跟語氣好熟悉，大概就是幾年前的我。我以前就是這樣，聽起來專業、衝刺、也心急。

　　我只告訴她：「麻煩您把剛剛說的內容文字化，我才可以清楚的分析到底需要給您多少資訊。」電話掛了之後，我繼續開會，接下來就是我的 LINE 嗶哩啪啦的傳進來大概十條訊息，瞄一眼都是她傳的，就放著沒看沒回。

　　三分鐘後，她又打電話來了。「小樂，妳剛剛有看到我的 LINE 嗎？我傳了妳還沒有回……」

　　是這樣的，她給我的內容需要經過會計跟法務這邊協商確認，所以我不能馬上給她答覆，我在電話中這樣回覆：「嗨！有看到了，我現在在開會，晚一點手邊事情忙完才會仔細看，最快明天中午回覆您喔！」

必須很努力，
才能看起來
毫不費力

那天我答應隔天中午前回電，不過當天晚上我就又接到她的電話，又跟我說一次需求和報價的事，我只問候她：「放心，我有收到完整內容，明天中午您的信箱就會收到所有需要的資料，這麼晚了，先下班休息吧，別擔心！」

其實我的意思是，冷靜點。

「欲速則不達」這句話放在哪件事情上面都成立。每一球如果打得快又急，要嘛砸到對方，要嘛回彈到自己，真的！我以前就是這樣，受到太多委屈。我們常常想把眼前著急的事情解釋清楚，就會顯得更慌亂。

有一次我到墾丁去玩，上了一台小小帆船出海，吹著海風、曬太陽很開心，船上有幾個打工換宿的妹妹，幫我拍照、介紹，她們看起來很快樂，因為能夠在這裡體驗海上生活，是他們畢業後第一件想做的事。就在帆船開到海中央的時候，她們幾個集中在一起，準備要把拋繩套在浮球上（目的是要把船在固定在海中央靜止，好讓我們下海玩耍），我永遠忘不掉那樣的專注神情，她們說：「好緊張喔，今天套幾次會成功呢？我上次套兩次，希望這回能一次就中！」

這時候我忽然好像想通了什麼！你看她們眼前要完成的事，

是如此單純。這樣認真的把一件事情完成，好有成就感，我也要像這樣活著！所以做什麼都專注認真，吃飯、工作、玩樂、卸妝、保養、與朋友家人相聚都很認真，專注在當下。

不知道現在有多少人像我一樣，自從科技發達、通訊方便開始，變得非常不喜歡講電話（除了跟我媽之外），覺得任何一種傳訊息的 APP 都可以讓人有思考、準備的時間，也能代表事情在掌控之中？但我對於「必須立刻做出回應」變得很反感，因為我變得淡定，更因為我知道真的沒有什麼事，需要跳過思考立刻下決定！

以前全身帶刺的工作方式漸漸改變，更能夠微笑 PEACE 從容面對。

我不是人生勝利組，我是人生努力組

常有女孩私訊我，說想成為我！想要像我！目標是我！

我想說的是：真的不要像我！太辛苦了！

我太堅強，太無欲則剛；太戒慎恐懼，太多原則。

我不讓自己失聲尖叫，只讓自己越發冷靜。即使內心無助恐慌害怕極了，也只會深呼吸；那顯得冷漠、顯得高傲、不可愛。

看到蟑螂，我不會亂叫，也不會躲在男人背後；我會規劃怎麼消滅它，怎麼清潔。

我不是小鳥胃，無法只吃三口就拿起紙巾說：吃飽了，謝謝你的晚餐。我只會說：老闆再來一碗，多加一顆滷蛋，這一餐我請你。

再怎麼想哭，也使勁憋著；放鬆大哭，是一個人關起門來才會做到的事。

一股腦給了好多熱情在朋友面前，直到發現被嫌棄了被丟掉了，也會瀟灑大步的走掉，甚至說：反正我也不在乎啊！

然後轉過身偷偷抹掉眼淚。

愛情也是，永遠都是強勢嚴苛的那個。

縱使受傷了，心痛了，也永遠都是趾高氣昂，然後躲起來自己舔傷。

不敢擁有太多，經驗告訴我，每當一富足，就會跟著遺失

什麼。

　以為能一輩子跳舞，結果韌帶受傷結束；

　上大學好幸福，擁有好棒的老師同學，結果爸爸生病要休
學回家賺錢；

　從小就苦，每次以為就要幸福了，就狠狠摔倒滾一圈。

　再站起來，就趕快安撫自己：沒事了。

　喉頭澀澀的，但好像意外豁達；

　明明很多時候委屈得快爆炸，卻無奈的笑了。

　很多人乍看之下，會以為我是人生勝利組；**其實我是人生
努力組，無論做什麼事，都要很努力很費力才能達到別人信手
捻來的成就。**

　如果可以，請繼續當妳們那種好命女孩才是幸福的。

無欲則剛

誰都一樣，對未來多少存在一些迷惘，不知道如何選擇，請記得，在工作上，可以想得遠，但不要想得多。在工作上的追求跟付出，很容易觀察出一個人的家庭教育模式，遇到問題時，是尋求方法解套還是推卸責任逃避？

從學生時期的兼職、到社會新鮮人的第一份正職、第二份或是第三份轉職，會發現經由一次又一次的經驗學習之後，自然能漸漸摸索出興趣跟方向，也更能建構自己在職場上的地位。

除了含著金湯匙、一出生就退休的那類人之外，普遍來說，一個人在社會上會持續工作二十五年到三十年以上，為自己多學習一點，多累積一點不會錯的！一步一步站穩腳步的前幾年，也不要過於害怕改變，勇於嘗試、接受挫折、享受辛勞，別忘了！分裂過後，也許自己會更喜歡。

可能身為女性的關係，又很早出社會工作，多多少少遇到有人提出某些誘惑、或是大家口中的潛規則，我總覺得會遇到這樣的事，就是別人對自己工作能力的不肯定。如果我自己可以辦到，為什麼要接受對方給的好處呢？

「無欲則剛」，是這麼多年來我在工作上的標準原則，除了工作時數換來的薪水以外，其他不是我該佔便宜或期待憑空擁有的，我一點也不期待！唯有這樣才能腳踏實地、抬頭挺胸地，把每一件待辦事項辦好，並且不懷疑自己。

努力加上不僥倖得來的成就，才能真的使人信服。

另外一條美景的坑洞在腳下，看不到的

請問我到底應該要做什麼工作呢？唸的科系不是我的興趣耶。

這也是我很常收到的問題。

不知道大家有沒有玩過一個賽車遊戲，一開始只有基本配備，所以移動非常龜速，沿路開始吃金幣、撿寶物、練技能，就會越來越快，也越來越穩？

我覺得面對工作很像撿寶物，技能就是一種工作經驗累積，當你擁有越多寶物、金幣，就更不怕沒有方向了。在思考的同時邊學邊做，每一次的經歷都會進化成不同的人。

切記不要做後悔的事，選擇一條路的風景就要堅定走下去，別頻頻回頭看另一條路。

有一種人很容易也很愛説「早知道」，在遇到坑洞時，開始懷疑自己的選擇，羨慕別人的美景，但別忘了，千金難買早知道，而且另外一條美景的坑洞在腳下，是你看不到的。

醒醒吧，擁有「獨立判斷」的能力很重要，要別人面對妳的事情感同身受是不容易的，所以別輕易地攤開傷口向別人訴苦，更多的是撒鹽的人，不是醫生。

在問別人怎麼辦之前，先自己消化問題、整理情緒，才能知道自己到底要問什麼？沒有人比你更了解自己，也沒有人該為了你的選擇做擔保。

無論高低，都能有自己的榮譽

不管外表、條件如何，也不管家境背景如何，都要記得，每個人都必須有自己獨立的工作和經濟來源。

也許並不缺錢，或者有人可以養活你一輩子；但一份打拼的事業，帶給我們的不只是薪水，不只是酬勞，而是獨立人格的養成，以及很多很多的成就感跟不隨波逐流的那種自我肯定。

愛情，往往是把心交給另一個人掌握；
只有事業，才能牢牢掌控自我。
獨立的人生，才是愛情的底線。
不要只當小黏蟲，要有自信。

不管是公司的總監、辦公室的主任、還是餐廳的女服務生都無關緊要，**希望我們的努力，能一直保持最真誠的生活。**

無論高低，都能有自己的榮譽。

垃圾人定律

不知道有多少人看過這一部影片，聽過這個故事？

因為用文字比較難形容，所以我把故事主角簡稱為白車與黑車：

一輛白車在正確的車道上行駛，突然一輛違規黑車超車、急煞在眼前。白車駕駛也跟著急煞，兩車之間的距離就只差個幾釐米，黑車兇狠地甩頭、並且朝著白車大喊大罵，而白車只對黑車友善的微微笑、揮揮手。

為什麼呢？那傢伙明明差點毀了白車。

影片的最後告訴我們，只需要微笑、揮揮手、遠離他們，然後繼續走我們自己的路就行！

千萬別將他們的負面垃圾接收，再擴散給我們的家人、朋友、同事、或其他路人。人生短暫，千萬不要浪費心思和精力在這些事上！

生活中遇到這樣的人，一笑而過是最好境界，絕對不要一般見識！別讓「垃圾人」接管自己生活當中的任何一天。

許多人就像是一台垃圾車。這些人身上裝載了許多垃圾，沮喪、憤怒、嫉妒、仇恨、貪心、不滿足、抱怨、比較、愚昧、

無知、煩惱和失望。隨著心中的垃圾一再堆積，他們終需找個地方傾倒。有時候，我們剛好碰上了，垃圾就往我們身上倒，所以毋需介意。

每隔一段時間，負能量積累到一個程度，我就會拿出「垃圾人定律」影片看一次，真的！真的會消化很多！

你呢？是裝載著垃圾的垃圾車？還是你也可以微笑的向垃圾人揮揮手？

3

愛情＿＿從來就不必勉強，
也不該被勉強

談戀愛前，先理解自己，
也請想一想自己要的戀愛是什麼形狀

不一定要時時刻刻幸福美滿，但請務必一直勇敢堅強

可能本身對愛情太悲觀，
所以認為在人生所有項目裡面，覺得戀愛是最困難的。

它不像工作一樣，做多少自然得到多少；
它不像唸書一樣，熬夜苦讀成績就能進步。
它比較像是賭博，只是在等待機率跟運氣，
賭一個會全心愛你、疼你的人有機會是他；
賭一個也許他愛上別人的機率比較低。

身邊很多朋友都有無數戀愛經驗，
但她們沒有因為一次又一次得到教訓而變得聰明；
反而是一次又一次跌入相同或相似的坑裡。

我想說的是，
對於戀愛這類很複雜的事，是兩個人的事。
擁有了就勇敢去擁有；
失去了就要懂得放下，懂得算了。
覺得幸福就把握珍惜相親相愛；
覺得心裡不舒服就要抬腳離開。
愛別人之前要更愛自己，
自己先有好的條件，才有資格讓好的那個他來愛你。

誰分手不是痛哭流涕，難過至極？
但是總會走出來、會不愛、會忘記，對吧？

如果在愛情中感到痛苦，
希望妳能堅忍地熬著，或是瀟灑地熬過。

兩個人在一起，手牽著手，心才會暖，
不一定要時時刻刻幸福美滿，但請務必一直勇敢堅強。

妳不是不好，只是對誰都太好

小學四年級，我認識了個到現在都想一直保護的好朋友。

她漂亮、溫和、柔軟，但反應極慢（如同樹懶般），我們在學校算是文武雙全，不管是功課還是才藝表演，從排球隊、躲避球隊、合唱團甚至是飛盤隊，老師全都要算我們兩個一份。

不過她卻常常被喜歡她的男生欺負，這也是我變成吵架王的主因。

反正誰都別想欺負我的朋友就是了！我會保護到底的！

比起自己是這麼暴烈、直接，我其實一直很羨慕像她那樣靜靜的女孩，覺得這樣的女孩沒脾氣又很順從，在未來戀愛的路上會一帆風順地備受疼愛。

從十歲開始的友誼到現在，當我們越長越大，好像她只要一談戀愛就備受考驗，無論是十八歲的初戀還是到現在三十歲的戀情，老是遇到很糟糕的男生，偷吃、劈腿、欺騙樣樣來。在我眼裡，她在戀愛中忍受的一切，我都覺得很荒唐、很要命，爛人爛事可以爛到直接把對方頭扭下來那種！（在心裡扭斷就好，不必真的扭。）

我們認真地聊過她的每一段戀情，每次幾乎都是男生長時間的熱烈追求，答應交往後的一陣子還算慇懃，等到她完全依賴對方之後，男生就開始要自由、要空間，有時候消失幾天，

每次都是手機沒電那種爛理由！而且一次又一次，一個又一個！

後來才發現，原來沒有主見、沒有個性，在愛情裡是會被欺負到底的。

我告訴她，妳不是不好，只是對誰都太好，把自己變得沒個性、沒價值，付出沒有底線、衡量沒有原則，才會讓男生屢次探妳底線！探得妳傷心到谷底！

男朋友跟別的女生單獨看電影，只在心裡難過但沒對他生氣；男朋友跟別的女生外宿兩天一夜，只生氣半天，他一道歉就馬上心軟原諒，直到在他帶女生回家睡覺，被撞個正著的那天，才終於崩潰，沒想到這次換男生不解，覺得「妳不是不會生氣的嗎」？

自己說說看，是不是傻？氣得我都爆炸了！

喜歡什麼？討厭什麼？連自己都不知道了，再好的男人也不會懂得要怎麼愛妳？所以談戀愛前，先理解自己，也請想一想自己要的戀愛是什麼形狀。

停止跟另一半較勁

我有個朋友，她常常說：「許允樂，要不是我們是朋友，我真的會覺得妳講話很討人厭耶！」因為只有我會說實話。

她漂亮、高挑、開朗、有氣質，對朋友很溫柔，但很奇怪，只要談戀愛，就會聲嘶力竭，跟對方有很多口頭上的衝突，後來我發現她擁有「較勁」的性格。

有一次她打電話來告訴我，跟男友吵架了，那天她和男友、男友的媽媽一起出門，上車前，男友說讓媽媽坐前面，她就不開心了，立刻變臉地說：「我知道啊！還要你講？難道我會不知道嗎？」

老實說，一開始我在電話的另一頭其實有點聽不懂，我認為她男友說的只是一句再正常不過的話，為何她的反應會這麼刺蝟呢？後來我發現，她只是不想讓別人覺得她不懂事，因為平時很內斂的她，談起感情是相當認真的，在禮儀或是博得他人好感這方面默默的做了很多努力，不管是事前做功課或是努力提升自己。

這是地雷。簡單來說，男友不能疑似貶低她，只要讓她有一點點這樣的感覺都不允許。

她不希望另一半低估她的智商或是像教孩子一樣告誡她，

就算只是善意的、隨口的提醒，在她耳裡聽起來都帶刺。我了解她，所以知道她真的不是故意的，只是性格累積之後就變成這樣，家裡她是長姊，習慣支配、習慣主事，自然而然的也這樣對男友。

後來我在電話中，花了超過一小時再提醒她，當然！在讓她理解的過程中，也自我反省了一下。

我發現「較勁」在人生中很多時候會出現，好像都得要跟對手爭個高下，爭一二三名、金銀銅牌，例如小時候的演講比賽、合唱團比賽、拔河比賽、大隊接力賽、出社會後的業績排名、理想職業、薪水高低……等等，所以我們自然而然、本能反應地會在很多時候做出各種比較。

感情裡，「較勁」是最不需要出現的元素，如果不愛了就離開、還愛著就好好說話，停止跟另一半較勁，不要讓無聊的尊嚴把愛都磨光了。

感情裡，「較勁」這個行為，除了發洩情緒之外，對於感情的經營沒有任何好處，有時候看似嘴巴贏了，也僅止嘴巴贏了而已，沒有更多了。

講起來慚愧，一直到跟先生交往，我也才修練學會不較勁，

有時先生也是會一個不小心講出不中聽的話，我慢慢的學會在這個時候自己消音，只回答：「嗯，知道了。」或是不要說話也行，就算心裡偷偷拿機關槍掃射一回合，再怎麼想 Diss 回去，我的衝動嘴巴依然「嗶」一聲消音。30 秒過後，先生發現剛剛講的話好像太重，也就會自己說：「老婆，我剛說的那句話不是那個意思，我只是有點疲勞有些情緒，妳別放在心上。」看吧！消個音，天下太平，屢試不爽。

就算妳的另一半自我反省的能力極差，其實也可以換個方式，在聊天的時候，輕輕地提起這件事、再輕輕地放下，也可以這樣說：「親愛的，我覺得你剛剛講那句話，讓我有點受傷啊，趕快給個抱抱，安慰我一下。」

看吧！不會很難嘛！我這樣的亂世狂魔男人心都可以變得可愛，你也可以的。

其實根本沒有好不好，只有適不適合

　　媽媽管我非常嚴，唸書的時候，除了打工日之外，平常得要在放學時間一小時內到家，就算如此，當時我還是偷偷談了第一場戀愛，現在想起來，是滿差勁的（苦笑），可能開始懂得喜歡一個人，也第一次被喜歡著，就懵懂地自以為可能是永遠。

　　還記得他一次又一次地喜歡上別人，也一次又一次地回頭求我回收他，甚至在情緒不穩的時候，曾經動手推了我一把，我還是沒逃走。到了第二年時，他真的愛上別人而跟我道別，原來他跟另一個女孩在一起半年了。雖然初戀只是牽牽手、寫寫情書、一起等公車、放學一起拍拍大頭貼，不過失戀的殺傷力也是不小。

　　我的情緒只剩下傷心，不出門不說話也不開心（但還是有吃飯啦），媽媽打電話要老爸返家載我一程，一路上愛面子所以沒哭，但因為忍耐所以肩膀在抖。那天在車上，爸爸說的話、那個聲音、那個口氣、還有摸摸我的頭時手心的溫度，一直到現在還記得。

　　「想哭就哭，哭不代表妳很軟弱，只是因為妳重感情，所以會傷心！傷心就要哭，哭完了才會好，爸爸很慶幸他是在你們都還是學生時候劈腿愛上別人，而不是結婚後。」

長大後，回味了父親這席話！對耶！真是好險！

曾經以為天要塌下來了的那種傷心，到了現在，根本忘記初戀長什麼樣子了。

我們在戀愛中常常感覺患得患失，有時候因為不甘心、因為捨不得、因為習慣、因為依賴、因為已經Ｎ年了……莫名其妙被丟掉，被遺忘，會傷心又難過，以為自己是真的不能沒有他。

看似如此，其實不然。失去了就哭吧，這樣並沒有錯，被剝奪感一旦來臨，是該哭一場的！除了哭之外，也要留點時間拿來工作、運動、或是喝酒……都好！愛幹嘛都好！哭完記得思考然後振作。

失戀很可怕，但更可怕的是看不清楚事實。

就這樣想吧──哪個女人一輩子沒愛過幾個人渣？

要選擇怎樣的人，其實根本沒有好不好，只有適不適合。

如果你正好失去戀情、正好在努力振作的人，那聽聽我的，接下來必須告訴自己要開始做一個不動聲色的大人了！

不准情緒化、不准依賴過去、不准偷偷想念、不准回頭看。

如果不會為了同一個笑話，笑了一遍又一遍；那就請別為了同一個人，哭過一次又一次。**初戀讓我懂了，在愛情裡，不論是付出一百元還是一百萬元，都不要想得到回報。**

謝謝你，
那些日子，那張高鐵票

每個人的生命裡都會出現一個又一個很親近的人，互相陪伴，互相學習，互相保護，也互相依賴；同時得到快樂、得到幸福，也學會尊重，學習珍惜知足。

我的大學戀愛就像向日葵一樣，陽光且溫暖。有個男孩出現了，很白目、很幽默、很善良、很呆、吵架永遠贏不了我（誰贏得了？），一起練舞、一起編舞、一起剪接音樂，一起吃著便宜的便當、乾麵或是大家搭伙煮火鍋，一起度過窮學生的每一餐，騎摩托車到處去玩，一群朋友嘻嘻哈哈度過我們的青春，彼此陪伴。

這個男孩也陪我度過人生最大的轉折 ── 接到父親過世的電話。還記得那天，平常獨立有主見的我一下子六神無主，毫無頭緒。

我有一個袋子，每個星期五都會把換洗的衣服裝進去回台北。在接到通知的那一秒卻整個人石化了，呆站在那裡好像快要不能呼吸。他忽然不呆了，慌慌張張地幫我把衣服塞進袋子裡，抓著我坐上機車後座，一路飆車到高鐵站，去超商領光他戶頭裡所有的零用錢，買了一張前往台北的高鐵車票，幫我擦掉眼淚，把我送上高鐵。

我人生中第一次坐高鐵就是爸爸走的那天。而那張高鐵票，

就是這個呆頭鵝掏光身上所有的錢為我買的。

　　休學後回到了台北，守著家人，兩年多的感情也隨著距離斷了，我們互相尊重，沒了聯繫。前幾年，他結婚有了孩子，整群朋友又聚在一起，當然，我也有到場並且給予深深的祝福。

　　謝謝你，那些日子，那張高鐵票。

從那一刻開始，會一直很重要

有一個人，在心裡面很重要。
不是曾經，是從那一刻開始，會一直很重要。

身邊有沒有那樣值得想念的人？在最快樂、最認真、最無邪、最容易相信的那段時光裡，陪妳走過一段、陪在你的身旁？
無論將來那個人後來變成什麼模樣，還是不是最好的朋友，好似都無法割捨，即便最後分開甚至變得陌生，也會心存感激，畢竟曾經一起經歷的是莫大的溫暖和美好。

所以我不覺得由愛生恨是正確的。
愛就是愛，只有愛著或愛過，不會生出恨：
但請記得，遠遠的最好。

常有人以為我是看得很開，其實才不是！我只是不想把時間統統花在墮落上面，因為我發現要重建跟整理自己，確實要花非常非常多的力氣，所以這些力氣跟勇氣就不要浪費在抱怨跟自怨自艾上面了。
對過往的一切感恩；但從來不回頭。
生命不僅充滿回憶，也一直繼續，如此而已。

斤斤計較？那妳不適合談戀愛，適合去買菜

世界上有一種生物比蟑螂更討人厭，就是前任！

很多人都想當前任心裡最重要的那一個人，但事實上，感情是流動的，其實沒多久就會被篡位了……（菸）

對於去過的地方、吃過的餐廳、看過的風景，要有更多的平常心面對；

當個不讓人討厭的 EX，給予無聲的祝福，也是一種修行；

也要切記，付出從來都不是用磅秤量多寡、用鐵尺量長短。

在愛情面前，只要對情對愛都沒有虧欠就夠了，

在情感面前，計較會直接變成很俗氣的事，

拜託不要跟前任爭回任何東西——無論是禮物還是對錯。

還有，千萬千萬不要出言貶低、辱罵以前愛過的人。

真的，罵在前任身上的每一句壞話，根本都是在說明當初自己眼光有多差！對於前任，不要問，不要看，不要聽，不要愚蠢，不要搜尋、更不要評論。

「我付出的感情比較多耶」

「我花的錢很多耶」

「我為了他改變了很多耶」

「我幫他……」

停！

還在感情中斤斤計較？那妳不適合談戀愛，適合去買菜。

相愛就是這樣：
用幾年的什麼證明過合或不過合

　　每個人在每段感情中擅長的可能不同，有人擅於接受，有人擅於給予。

　　有時候會覺得對方好像天使一樣可愛，或像惡魔一樣想揍扁。總之，能在那麼大的宇宙中相遇相識相知相惜，需要多少緣分？有多少意義？我真心覺得酸、甜、苦、辣，各種滋味都嚐過了以後，意義就沒那麼重要了。

　　有一個四年，我被比喻為精靈。就像神燈裡頭的精靈、對生命熱情、對眼前專心、對現狀容易滿足、對一切擁有感到開懷。

　　Aladdin 阿拉丁，意為「信仰的尊貴」，是中古阿拉伯的一則故事，也稱為阿拉丁與神燈，出自《一千零一夜》，我從小就喜歡卡通阿拉丁與神燈，並不是被他和茉莉公主的愛情吸引，而是除了茉莉公主的美麗與老虎的驕傲，最重要的是阿拉丁與神燈精靈之間那種情誼，那種看似束縛，卻彼此珍惜著彼此的關係，處處為對方著想，是善良、是開朗、是細膩、是堅定，溫柔又強壯。

　　很多人會問：分手後還可以當朋友嗎？
　　其實分手後就真的不是普通朋友了，是曾經的男女朋友。

　　相愛就是這樣──用幾年的付出證明適合或不適合。

　　我建議別去打擾該活在回憶中的人，也許遠遠的才是最適合的距離。

人生不是等待就是忍耐

　　雖然臉上沒寫著疑難雜症專科，但每天都有好多人沉重地向我吐露心事，如果幾句話能夠帶來一點微弱的力量，很榮幸能獲得素未謀面的你們信任。

　　我啊，其實跟大家都一樣，在學生時期也曾經懵懂、也常迷惘，對於大事沒經歷過的年紀來說，往往遇到事情都變得軟弱無助、開始在自己身上貼標籤。

　　也許我不適合談戀愛吧？
　　也許就是注定要悲傷吧？
　　也許自己一個人才是最好的吧？

　　我想說的是，**不要怕！誰不是在一次一次的學習中成長？反正不是得到就是學到**，當時間與環境讓我們經歷過、看過，自然會知道什麼話該說、什麼話該藏，自然會清楚什麼人該放在心上、什麼難受適合在心裡沉澱、什麼人該放手、哪些傷害適合無聲無息的忘記、哪些人會一輩子感激……
　　我們都會開始懂得控制情緒、會不那麼輕易被別人牽著走。

　　人生不是等待就是忍耐，要學會承受痛苦。一輩子看似很長久，其實很短暫，你看，此刻這樣一秒兩秒就過去了！
　　不進步就好似在退步，所以我的每天都在學習不同的事。

關於愛情，人人都一樣，用盡一身的力氣在維繫。

不過如果妳已經很努力很努力，依然遍體鱗傷；或者妳的付出已問心無愧，卻還是無法平衡，不是誰的錯，只是追求的不同。就像我喜歡喝熱的、你喜歡吃冰的一樣，誰都沒錯。

對於無法變好的感情現況，要嘛閉上嘴接受、要嘛大膽改變，這時候，要放手、要能勇敢離開、要縮短哭泣的時間，還要捨得──小捨小得、大捨大得。

想一想，是不是再強的女人經歷失戀的過程，都長得一模模一樣樣？慢慢的要學著不要撕裂、不要吼叫、不要歇斯底里、不要披頭散髮，留一點漂亮跟驕傲給自己，這才是我們在愛情裡面值得為自己爭取的。

我們都知道，會越來越好的。

我利用咀嚼降低焦慮

也許長大的過程中，常常在扛超齡的壓力，所以我是會不自覺焦慮的，生活中的一切，我認為最重要的事就是吃飽，也可能是利用咀嚼降低焦慮。

我好像沒有什麼食慾不好的時候，約會的時候必須大吃、失戀的時候必須大吃、開心的時候必須大吃、挫折的時候必須大吃、慶祝的時候必須大吃、緊張的時候必須大吃、生活忙碌的時候必須大吃、偶爾放假的時候必須大吃。

說說看，到底什麼時候能不吃呢？

以前拼命工作的辛苦，我幾乎不記得了，印象中最痛苦的是常常忙著、趕著、餓著肚子工作一整天，餓到受不了、手發抖了，才用 30 秒的時間塞一顆御飯糰進嘴裡，所以基本上我是痛恨餓肚子的。

也覺得失戀最笨的行為除了傷害自己跟別人之外，第二笨的就是讓自己餓肚子，看起來要死不活，了無生氣，真的覺得那個鬼樣子會讓人回心轉意，或是遇到下一個更好的人嗎？別笨了！失戀就是要更用力唸書、更努力工作、好好吃飽、運動、喝酒、保養、然後，睡個幾天幾夜！

我也非常害怕停止不了抱怨的人，一直重複在數落對方的

不是，又死不離開，以前我蠢死了，總是聽不下去朋友被另一半欺負，急著幫人家出頭，結果隔兩天他們就和好了（白眼），我就被當場硬生生地扯後腿！

　　所以，千萬不要干涉別人的戀情，愛得好不好只有他們自己知道，也不要給朋友抱怨同一個人、同一件事，超過三次的機會。

　　我後來理解了，有時候放手讓他們自己吸收，才是真的在幫忙。

為什麼愛上你，就會為什麼離開你

為什麼愛上你，就會為什麼離開你。

如果愛上他的浪漫，就會因為他在生活上只懂浪漫一生，其他的柴米油鹽都是浮雲、如此不切實際，所以離開他。

如果愛上她的單純，就會因為她在生活上無法累積經驗值，太過「單蠢」講不聽、容易反覆被欺騙，所以離開她。

如果愛上他的帥臉，如果他只是空有帥氣外表，卻不懂努力上進，在生活上根本不可能靠臉吃飯，所以離開他。

如果愛上她的獨立，就會發現她的性格在愛情裡顯得冷漠，在生活上根本不需要另一半，而你沒有被需要，所以離開她。

有發現嗎？ 最重要的是「生活」不能只有浪漫、癡情、單純、天真、顏質、獨立、熱情而已，而是在生活上擁有更多元素可以調配百分比。

其實，每個人都很獨特，也一定有自己的特色，記得什麼特色都應該隨著時間進化，變得更好、更實用，而不是拽著自我獨特度過一年又一年，時間一久就變成自以為獨特了。

無論什麼階段的戀愛，都需要一個「活出自己」的另一半，而不是一個隨波逐流、沒有自己的人，所以單身的時候，務必要先讓自己具備一些能力，獨自把自己照顧好、有穩定的經濟來源、獨立思考的腦袋、安全不濫交的朋友圈。

但如果另一半是一個只會消耗你的人，請盡快離開，因為兩個人在一起都有該負的責任，而不是把責任扛在其中一方，這樣不平衡的愛，不管有多相愛，總有一天都會垮台。

如果你是浪漫的人，請把浪漫進化成對另一半的體貼跟善解人意，也許試著把浪漫指數從 100% 調整到 20%，迷人的浪漫則是偶爾放在實際生活中，幻化成那些小小的心意、暖暖的舉動。

如果你是單純的人，請記得單純並非對於世事什麼都不懂，而是在深刻體悟以及理解複雜之後，還能保持原本的良善，懂得利用經驗保護自己，不讓愛妳的人時時刻刻覺得擔心。

如果你是擁有顏質的人，請先明白，吃飯、坐公車、租房子都是要付錢的，不是靠臉就可以吃飽、到站、有床睡。如果幸運可以靠臉吃飯，也請不要忘了靈魂跟內在的重要，麻煩把顏質變成加分題，而不是主題。

如果妳像我一樣，是一個獨立過頭的人，請別忘了，在歷經很多辛苦後，能準確的理解自己要什麼，**當遇到值得依靠的肩膀時，能夠甘願的把心中那個小女孩請出來面對。**

愛情是一種心情，
代表你心裡有個我，我心裡正住著你

　　身邊有些看起來很配很適合在一起很久的戀人，本來認為他們一定會結婚走向紅毯、互許終生、過著幸福快樂的日子，可是他們卻在你這麼想的時候忽然分手了！

　　為什麼？原因只有他們兩個知道。

　　愛情是兩個人的事，誰也無法參與、干涉、評論或者感同身受。

　　任何感情都很難，比登天還難，

　　愛自己比較多，就會被說自私自利；

　　愛別人比較多，又會被說傻笨蠢呆。

　　我只知道不要為難自己，任何情況下都不要也不准！

　　如果在一起的過程中發現對方並不那麼互相呵護、互相疼惜，甚至有些人的情緒起伏很大，不成熟、不夠懂事、不負責，都可以多想一下，多考慮一下，是不是要繼續呢？

　　不管是男生還是女生，都要記得，不適合就抬腳離開。

　　不要談太久的戀愛、不要太死心眼，不要每一次都像初戀一樣讓自己深陷。

　　越老得越明白，其實根本沒有誰一定需要誰才能活下去。

　　愛到卡慘死？別鬧了！誰想要談個戀愛就談到死啦？我不許有人這樣想。

　　很多朋友都是外剛內柔，看似堅強，卻好容易受傷。

　　每次都用「這是最後一次了」來說服自己，依舊幹著同樣
的傻事。

　　愛情很簡單也夠複雜；愛情也只是一種心情，
代表你心裡有個我，我心裡正住著你。

　　要懂得接受、也要能接受，
這種平衡就是一旦沒有，就沒有了。

圖片提供：愛女生雜誌

只有該結婚的感情，沒有該結婚的年齡

　　這個時代對女人有太多要求：要貌美如花又不能只重外表、要高挑纖細但不能沒屁股、要寬容體貼又要給對方空間不黏膩、要撒嬌依賴又要獨立有主見、要飽讀詩書又不能只會死唸書、要生兒育女又要有床上功夫，要進廚房入廳堂，要像超人一樣會飛、不會累。煩不煩？

　　其實我認為唯一要做的是：照顧好自己，自然會產生魅力。

　　每個女人的年齡門檻又高又顯眼，只要超過 25 歲，不管是新陳代謝、水腫程度、發胖速度都像鬼壓床一樣開始使人感覺壓迫，一切都差！很！多！

　　生理失控不打緊，心理也要接著不受控了，會發現某一年開始，同時被同學們、同事們、姐妹們團結起來投放紅色炸彈，每個好日子排滿了要盛裝參加的一場又一場婚禮、滿月趴、收涎趴、周歲抓周趴，本來的姐妹放風時間從精緻下午茶變成每一家親子餐廳。

　　我呢？什麼時候是我？
　　有這樣暗自問過自己的請舉手我看看？

　　我相信不管當時的妳，是單身還是有男友，一定都會偷偷在每場婚禮裡，看著父親將新娘的手交給新郎那個畫面時默默

拭淚、起雞皮疙瘩（像我是哭到吃鼻涕啦），然後想想如果是自己，會有多感動……

大家結婚的壓力大概是從這個時期開始的，在生理跟心理同時跳到下一個關卡的時候、在做意見調查表勾選年齡居然要跳到下一格的時候、在過年親戚朋友迫切關心的時候。

我的 25 歲階段，每天都在忙碌，根本沒時間也不敢想我自己要選擇什麼，甚至覺得工作忙起來男朋友變得很煩人，也覺得結婚好像不干我的事一樣。

奉勸大家，不要因為壓力結婚，千！萬！不！要！
身邊太多已婚人士透露，結婚對他們來說像是交差。
我很驚訝！是對誰交差？自己？家人？親戚？不小心懷上的孩子？還是年齡？
這樣婚姻是不是會變成一種恐怖平衡，讓人很空虛、很不快樂呢？

思考結婚前，應該要先判斷自己此刻「適不適合」婚姻。
是不是一個想要家庭、能夠照顧的人？
是不是一個願意放棄自由的人？
是不是已經能負得起自己該負的責任？

是不是能有過半的把握不後悔不離婚？

如果不是，請不要因為任何壓力造成的鬼附身而衝動結婚，或是答應結婚。

我認為，只有該結婚的感情，沒有該結婚的年齡。

不管愛的幅度佔據多少，愛的成分又能保鮮幾年，哪一雙手有魔力一直互相牽緊，又是怎樣的人看了三十年還不吐？

都先等等！

等有機會遇到一個能聊天聊一輩子的人再說吧。

我相信很多人跟我一樣，只是想擁有一個談得來、相處得合、笑得可愛、頻率靠近、邏輯相同、生活習慣搭配、不必開口就懂、在一起舒坦、分開會想念、安靜久了想鬧一鬧、一吵架立馬後悔認輸的人。

愛情如此，友情同理。

圖片提供：愛女生雜誌

我的每一個朋友

1
2
2

在唸書的時候一直沒有很喜歡自己的性格，甚至討厭自己是牡羊座的女生。對事只有黑白兩種分界，完全沒有灰色地帶，一點妥協都沒有其實很難相處。

交朋友永遠比別人辛苦，總是太直接、太著急、太熱情，太一股腦的相信，只會灑狗血地對別人好，卻完全沒有想到我所給的是不是對方需要的？

父親曾經對我說過：「妳從小就看起來強硬，誰都不能挑釁，其實心軟的像棉花糖一樣，這樣會很辛苦很辛苦喔。」

想想也是，最後留在身邊的朋友都說過，第一次看到我的時候覺得，許允樂一定是很機歪、很高傲、講話很賤、脾氣很大的女生，殊不知一開口根本就超爆笑的！

謝謝啦，我就把這些當成對我的稱讚了！

不過講話很賤、脾氣很差是真的啦！也沒掩飾過……（大笑）

想說的是，真的要學著不要只是看外表，其實真正內心世界要靠相處過才能發現。我身邊有許多本質善良的人，大口吃肉、大聲笑、愛小動物、有禮貌、大方親切、沒有壞心眼，也許有刺青、會抽菸、會喝酒，不開心還會飆髒話，那又怎麼樣呢？

這樣的人不會咬人！真的會咬人的大多都是看起來無害的，可能很文靜、討厭菸味、沒什麼情緒，但卻永遠也不知道腦袋裡在想什麼的那種人！

一直有幾個很好的朋友在身旁，我指的是「心」和「關心」，並不是三天兩頭混在一起，而是各自把自己的日子過好，有時間就相聚，也許只是一個下午茶時光或是一頓晚餐，都足以讓我們放下手機好好的更新近況，相互交流。

雖然一直以來我都像姊姊一樣，照顧她們、為她們出頭，但事實是，每當我遇到大風雨的時候，這些朋友總是用瘦弱的身體幫我抵擋，用溫暖卻強而有力的聲音安慰我，陪著我一起想辦法。

小時候老爸還說過：「不喜歡妳的人一定會比喜歡妳的人多。」我問為什麼？
老爸說：「地球上有這麼多人，有緣分能真正認識的有幾個？能相處的有幾個？合得來的有幾個？適合做朋友的有幾個？能一直陪伴妳的又有幾個呢？可能很少很少，所以要珍惜。」

我很珍惜，珍惜這幾個真性情的好朋友。謝謝你們。

請記得！「我媽說」這三個字 真的是地表最強翻白眼炸藥引線

　　有一種男生如同尚未斷奶的成年人，大多是被長輩從小捧在手心，成長過程也許一路順遂，也許很多困難在遇到之前都被攔截了，儘管年紀越來越大，內心卻還像是小孩一樣，我們有禮貌一點，不說人家是媽寶，就說是巨嬰吧，一個極需要被照看的另一半。

　　不知道妳有沒有交往過這樣男生的經驗呢？
　　交往一開始會覺得還好，至少巨嬰很歡樂、能溝通、讓妳覺得很被需要，不過在一起生活得越久，就會發現無論大大小小的事，他始終無法像個大人一樣做主，只能依賴妳（或他母親）做決定。

　　如果妳是樂於照顧大孩子、小孩子，或是願意生一個顧兩個、願意被當成媽媽二號還樂在其中，那我給予深深的祝福，一定要幸福下去，也懇求妳不要放生。

　　不過，如果妳是需要一個肩膀一起作戰的女人，請不要勉強自己當他另一個媽，總有一天妳會撿襪子撿到崩潰、不然就是眼睜睜看著地上兩坨圈圈——那件剛脫下的牛仔褲，屹立一天一夜還在原地，直到他隔天又踏進去穿出門而尖叫磨刀。

　　請記得，「我媽說」這三個字真的是地表最強翻白眼炸藥

引線。

不要只說男巨嬰，這年頭其實女巨嬰也不少，停留在副食品時期的女生一堆，太習慣別人服侍、吃飯要人餵食、喝水要人倒、嬌滴滴地被呵護，自己的心情最重要，自己以外的人有情緒都當屁，活在自己的世界裡，這種女巨嬰就算有范冰冰的臉蛋、超模的身材、林志玲的聲音，也只是一個生活不能自理的漂亮人類，僅此而已。

倘若遇到沒主見的男巨嬰，或是軟爛女巨嬰，請放手讓他們成長吧！ 不能只有你單方面前進，對方卻永遠在原地耍賴，等你一次又一次心軟往回走。

明知道總有一天會受不了，就請斷捨離，不必幫別人教老公、養老婆了。

麻煩在擁抱跟上床之前，「先」大量相處

如果問我怎麼選擇另一半呢？
我會回答，麻煩在擁抱跟上床之前，「先」大量相處。

如果還是學生，一切只要單純、簡單就好。
如果這個人要共同度過好多年，那先把這人看透徹吧！
請務必花時間大量、再大量的相處。

有很籠統的三個方向可以評估：開車、酒後、吃飯。
有些人平常脾氣很好，只要一開車握到方向盤就「怒路症」上身，好像隨時要下車跟別人打架那種，像這種情緒控管很糟的人千萬要注意。

酒後的模樣也很值得列入參考，有種人喝一兩口就想睡覺了（最好的酒品），有種人喝醉就完全失憶斷片不知道自己在幹嘛，也有人喝醉就變身了，亂吐、亂吵、亂鬧、酒後亂性……

即使人可以一輩子不開車不喝酒，不過絕不能不吃飯，所以吃飯也非常重要。跟這個人一起吃飯會不會沒食慾？會不會想吐？嚼食會不會發出聲音？在飯桌上懂不懂得照顧別人？還是自私地拼命吃，吃完就去外面抽煙了？

我曾遇過一個在大家庭長大的男生，可能不想跟親戚相處太久吧，吃飯跟洗戰鬥澡一樣，我好不容易才能坐下來吃一頓飯，他卻啪啦啪啦火速吃完，然後丟下一句話說：「我去外面等妳。」那我是要快點吃，不要讓他等太久，還是真的慢慢吃？

跟那男生約會幾次之後，我已經練就吃完拉麵、碗還在冒煙的快速功力。要遇到連吃飯的節奏都一樣的人，並不容易。

吃飯也可以看出很多性格，好比說對待服務生的態度，很可能就是這個人對妳以後會原形畢露的態度喔。

除了以上三點，我個人比較奇怪、龜毛加高標準，第一眼是看男生指甲有沒有剪乾淨、有沒有咬指甲或是藏污納垢，有沒有蛀牙、鞋子髒不髒，因為這都可以看得出此人的生活衛生習慣。

還有觀察男生的口袋——不是口袋裡的錢喔，是管理自己口袋的東西。

男生比較少帶包包，所以口袋裡的東西能不能固定、乾淨、整齊是很重要的。哪個口袋固定放鑰匙、哪個口袋固定放皮夾，哪個口袋固定放手機，而不是亂成一團。

這樣好習慣的男人，往往知道自己要什麼、要做什麼，要拿手機，要拿皮夾、鑰匙都很從容且明確，這種很規律的習慣是我最欣賞的！

我有個朋友，結帳的時候永遠會摸來摸去，從不知道哪個口袋裡摸出爛爛的紙鈔，鈔票裡還夾著發票、收據，連自己東西擺哪裡都不曉得，這超扣分，如果我也這麼邋遢，那剛好，但我沒辦法，我真的是一個 SOP 很強烈的人，12345 都要照步驟並且很準確才行。

　　這種規律可以是天生的，也可以透過教育養成，可以從電影、從觀察好看的人學到，自然而然變成自己的好習慣。就像很多人問我為什麼要天天敷臉？因為范冰冰也天天敷臉啊，她是女神耶！連她都懂得要天天保養、天天善待自己臉皮，那我這樣一個平民老百姓也跟著天天敷，搞不好就可以更接近她一點。

　　還是朋友的時候，我喜歡喬志哥的第一件事就是拿筷子好看，接著才是愛乾淨、吃飯優雅、聲音好聽、聰明體貼、香香的、有品味、獨立有想法、開車技術好之類的，而且，我們有說不完的話。

妳這樣的性格，是不會幸福的

小時候爸爸如果知道我是要跟男同學出去玩，就會多給我零用錢，並且囑咐我，要吃什麼、買什麼都要自己付錢，別忘記自己有錢，不需要欠別人。

爸爸過世後，我當了好幾年的一家之主，習慣開車載全家出門、習慣付帳買單、習慣什麼困難都挺著胸面對，就像男人一般的存在。一路走來，我得到的東西很特別，有很強的工作能力，堅強又剛毅，但天曉得我失去的是什麼？

是啊！我的某個部分是「壞掉的」，就是很怕不小心太過女生的那種「壞掉」，因為從小就獨立，加上這麼多年來更是過度獨立，怕依靠別人會心虛，總覺得腳浮浮的踩不到地；怕依賴別人會失去，總覺得只有自己不會失去自己。所以不接受任何人幫我分擔，不管是金錢還是情緒，所有約會都不會讓男生付錢，所有的一切都得自己買，什麼都自己來，根本就不需要別人。

簡單的說，我根本就不需要男人。寧可自己花二十分鐘換燈泡，卻不願意花兩分鐘開口請求協助，從小到大我都自己跟自己商量，男人憑什麼跟我商量？好像怕人家覺得我辦不到一樣，這樣的戒慎恐懼。

那個階段的我是脾氣跟性格最硬的時候，因為必須同時兼

顧家跟事業，所以壞掉得更嚴重，要嘛不談戀愛、要嘛就會吸引到習慣被我照顧的男生；前者是因為我在生活上完全不需要對方，對方也無法接受我的男子氣概，後者是因為我習慣性的幫對方想的太周到，就會把自己煩死或是累死。

直到有人告訴我：「小樂，妳這樣的性格，是不會幸福的。」

聽到這句話的時候，我想我應該是面紅耳赤的，但不生氣，只是充滿疑問。為什麼會這樣說呢？我把這句話留在心中，我試著體會其中的含意。我一直在想，我這樣的個性，真的不會幸福嗎？很快的，我就懂了。

是啊！再這樣下去，只能自己給自己幸福，別人是不會給我幸福的。

在愛情裡，兩個人能在擅長的領域努力，真的不必非得證明自己什麼都能辦到；在愛情裡，是兩個人悠哉地牽著手走向終點，沒有在比賽。

所以現在的我，看到燈泡壞了，會拉著先生的衣角跟他說燈泡壞掉了。**這樣的能屈能伸，這樣的自在，才是一種漂亮。**

現在回想，謝謝當初這句話。

4

婚姻____到目前為止，
依然感到自在愉快

獨立又依賴，深情而不糾纏

有些爛事就像黏在鞋底的口香糖一樣，很煩！但不會真的傷到自己！

是啊，我男朋友是張兆志。

記得剛開始交往的時候，聽到被跟拍上新聞了，就開始焦慮緊張發抖，不知道接下來要承受的是多少批評、多少指教，也許還會有子虛烏有的指控，都令我非常畏懼。

連最普通的牽手走在路上都有點龜縮，畢竟根本不是公眾人物，更不是什麼很重要的人，充其量只有一個小小天地，裡面住著喜歡我、理解我的少數人，彼此鼓勵、努力分享跟溫暖，僅此而已。

只要有新聞，就會湧入好多私訊，命令我別理會那些酸民，怕我受傷、怕我心裡難受、怕我被傷到，但其實老實說，我都沒看到耶！覺得報導挺正面但有點浮誇了啦，真的真的真的真的沒那麼好。也因為要判斷一個人好不好這件事很主觀，沒什麼好辯駁的，所以還請大家放心，別擔心。新聞底下的回應的確是有幾個比較激動、比較嚴格，但更多的是為我說話的人，真的很感謝很感謝。

酸民的存在，不外乎就是想要讓整件事或人出現瑕疵，畢竟「站在別人立場想想看」這種同理心並非每個人都有，更別說體諒或是體會當中的枝微末節。

　　沒有一篇報導下面零負評。醜化別人的良善，為的不就是透過網路發言，大多不用負責的自我安慰，丟一句讓自己舒服點的批評，也許可以為自我墮落的模樣找一點藉口。接著再用多少輕挑玩笑跟惡意評論，去攻擊傷害那些真實、真誠、認真、守法、堅守自己崗位、努力生活的人？覺得別人擁有的都要嚴格批判、處處起疑，覺得別人得到的絕對都是天上掉下來的，這樣的人開始反對完美、反對勇敢、反對上進、反對任何事。

　　有些爛事就像黏在鞋底的口香糖一樣，很煩！但不會真的傷到自己！這個社會越來越多這樣的人、這樣的事，缺乏的幽默感、對單一話題的敏感，讓我們限制了對世界的開放理解，也綁架了每個人的道德，勒索了每個人的情緒，窄化了別人分享的見解，讓大多數人帶著成見過日子。

　　第一次被說比男友壯的時候，其實滿在意的，剛好有工作邀約，一直超想減肥的我，結果肚子餓得心情都不好了（不誇張，我真的餓哭），忽然想到從小打死不上電視，就是知道自己不能、不想，也沒力氣、沒個性、沒柔軟度適應這些眼光，就不想為難自己了。

　　在先生身邊，我真的看起來沒辦法很瘦啊，他體脂只有9，只有9耶！請可憐可憐我，都沒有男友褲可以穿，先生的褲子

對我來說直接變緊身褲，還只能拉到大腿就卡住！ 妳來站旁邊看看！哩來！能多瘦？我體脂29耶！不要逼體脂高的人要看起來很瘦啦，太強人所難了！

很瘦、還是很漂亮，到底是有什麼值得被框架？比起外表，有智慧、善良、幽默、風趣、有原則、懂生活、愛惜生命、內心柔軟、堅強勇敢、有禮貌、愛小動物⋯⋯**軀殼裡頭那些更更更更是重要啊**，如果可以這樣，肉肉的也沒什麼不好吧！

後來調整心態，有空就運動讓自己流汗，加上媽媽檢查出血糖過高有糖尿病風險，所以我們一起改變每餐都要吃到炸胃的習慣，但一定達不到大家標準，才發現，誰要管網友的標準怎麼說？拜託別鬧了！媽媽的健康，跟我吃飽喝足的好心情，其實比別人怎麼看還重要！

深情而不糾纏

很多人好奇我們是怎麼認識的？是緣分吧（好老派喔），不過是真的啦，好幾年前我去百貨公司替朋友買東西，結果百貨公司人超多，我一秒放棄購物，快速移動出店外的時候，碰地一聲，迎頭撞上一位男性！我當時說了對不起，他則回我：沒關係沒關係，沒事吧？

幾年後我們變成朋友了，我忽然回憶起這件事，才知道那天先生真的有主持百貨的活動，我問他是不是有被撞到？

我：現在想起來，撞的好像就是你耶！你有印象嗎？

先生：原來是妳！怎麼可能沒印象啦！撞超用力的！忘不掉啊，整個人差點飛出去，胸口超痛！

哈哈，現在講起來還滿好笑的。

那時候的我，還在天天飛車趕四個工作的階段，每餐都是十分鐘嗑掉一個便當，要不然就是沒吃、亂吃、隨便吃，他理解我的忙碌後，常在我工作的中間空檔揪我吃飯，真的是史上第一遭，跟男生吃飯超過兩次還不會想吐的，那很可以耶！

所謂的可以，是可以當朋友，可以一起吃飯、一起聊天，不覺得煩！

吃飯那麼多次，他連問要吃什麼都很可愛，我懶得想的時候，通常會說「都行」，他就會接著問，中式還西式？

我說中式，他會問湯包還牛肉麵？如果我說西式，他會問義大利麵還是牛排？

能直接不囉唆給我選項，是那時候的我最需要的，因為當時我的每一個工作都是從頭到尾跟進，每天腦容量都不夠用，相對的，對於生活上其他部分的思考就會變懶惰，所以當他給我選項時，我感覺非常輕鬆。

但當我很有想法的時候，我們會直接決定吃我想吃的！也許是因為這樣互相、這樣有來有往，安心的感覺也就開始在心裡扎根。

我們聊天的內容很奇怪，聊車子內裝、底盤，聊喜歡的音樂、喜歡的風景，聊一些很男生、很老兵的食物、很老派的事，他覺得我太有趣、太帥了，都喊我「樂哥」，所以我對彼此的默契很放鬆，根本沒想到幾個月後──
有天他不苟言笑的說：「如果我說喜歡妳，妳會相信嗎？」
我說：「請你不要鬧喔。」

接下來的日子，他就這樣很認真、非常認真的說了三次，我才真的相信他不是在鬧。

正式交往那天，我並沒有跟他說：「你要永遠愛我。」；說的反而是：「如果有一天，你有更喜歡的人出現，請直接並誠實的告訴我，毋需怕我傷心。請勿擔心我，因為我很帥，會頭也不回的走掉，不會一哭二鬧三上吊。」

記得當下先生有點愣住，我告訴他，別嚇到，不是恐嚇你的意思，只是醜話想先說出來，讓你明白我是這樣的人，我們的戀愛不必花力氣隱瞞或說謊，**因為感情是流動的，如果不幸在過程中愛上別人，也不會只是一個人的錯**。

如果說有錯，應該是錯在為了要彌補歉疚，即使在喜歡上別人之後，還扯了很多謊想繼續在一起，這才是錯的。

感情裡，兩人都誠實，是最重要的。
做好了一起過一輩子的打算；也具備了隨時可以離開的能力，我想這就是最好的感情觀了吧！

深情而不糾纏。

每一天都想放棄，但每一天又都堅持下來了

　　我的臉書常常收到以前私訊我的人——曾經有人際關係的煩惱、感情的煩惱、家庭的煩惱、好多好多種煩惱，但他們居然異口同聲的對我說：謝謝當時的聆聽，因為有妳的鼓勵，我很慶幸自己沒有放棄。

　　無論是誰，在困境報到當下一定都曾想過：真想就這樣放棄！我常常說，既然都來到這個世界上了，就別白白浪費了，別浪費只有這輩子才能遇到的這些身邊人，別浪費這輩子才有的容貌、身高、個性跟笑容，還有超多只有自己才有的一切。

　　就讓自己笑得燦爛，又漂亮、又自信，高傲一點也沒關係，好好站上人生舞台，走到老、走到完、走到沒有遺憾，學著一次比一次勇敢、後悔越來越少，然後茁壯，勇敢面對艱難的一關又一關、過 N 關斬 N 將，不為了誰，就為自己。

　　這就是我們為什麼常常祝福別人要快樂，無論是生日快樂、中秋節快樂、兒童節快樂、聖誕節快樂、情人節快樂、母親節快樂、父親節快樂，因為即使再幸運，也很難能夠天天都快樂。

　　每天睡醒，可能面臨許多不同的瓶頸、煩惱、迷惘跟困頓。

　　每個階段，也都會有不一樣的憂愁、無力感、焦慮跟害怕。

　　我們只能期許自己，再樂觀一點、堅強一點、看開一點，不用多！只要一點點就好！

　　回頭想想，第一次失戀的時候、被同學誤會的時候、朋友不諒解的時候、親人離開人世的時候、車子包包手機同時被搶劫的時候、兼好幾份差還是不夠家裡開銷的時候、工作到太晚

開車睡著出車禍的時候，有好多好多痛苦的時候，都不爭氣把眼淚逼急了，好幾次都以為天就要塌下來、地就要裂了，世界正在倒數計時毀滅中，可是對於生活我都沒有想過放棄！

做足最壞的打算；也做滿最好的準備。

現在回頭看，原來當時的天崩地裂都是能解的。

就像我人生才經過一半時間，就經歷過這麼多苦難，事實是，只要不放棄，是真的能撐過每個難題的。

得老實說，在遇到先生之前，除了生活跟工作，我確實是一個對愛情非常容易放棄的人，在相處的過程裡，只要一點點困境、阻礙，或是感到不耐煩、不喜歡，甚至影響到我的工作、情緒，就會立刻放棄，完全不勉強、毫不留情直接轉頭說掰掰！

這些年，卻在鼓勵大家的同時也被鼓舞了，如果我的不放棄，可以運用在這麼多事、這麼多人身上，那我是不是也試著對感情再努力、再堅持一點呢？

漸漸的，在這個人身上，我也想要勇敢的試一試。

在平衡又不委屈的狀態下，不要這麼容易放棄。

我也想對自己說：妳看妳，每一天都想放棄，但每一天又都堅持下來了。

但願此刻看到這篇文的人，還有我自己，可以平安、順心、愛自己，而且很獨特。

突然，我是一隻貓

很喜歡「突然」這兩個字。
突然就學會騎腳踏車了；突然夏天就過去了；
突然就再也不是學生了；突然懂事不任性了；
突然出社會變成大人了；突然父母就白髮了；
突然朋友一個個嫁人了；突然難過的失去了；
突然幸運的得到了；突然有人牽起我的手，
住進我的生命裡了。

我喜歡的突然，是那種很剎那的詞，好多事都看似突然，
但其實才不是突然。我始終認為無論好的、壞的都是累積來的，
哪一天就會突然滿出來，溢過那一條線。知識、智慧、成就、
經驗、溫暖、感動，哪一個不是經由堆疊而壯大的呢？

就像我，多年來深藏在體內的貓性，在跟先生相愛的同時，
突然大噴發了。

嗯！就是貓性，而且是綜合型貓性，有時候呆萌、傻甜；
有時候驕傲、孤冷。

老實說這樣很好，我認為女人有了另一半之後，應該要具
備一些貓的性格，懂得在主人回來時翻滾、呼嚕、撒嬌、蹭蹭，
但通常不會太久（能維持三分鐘就差不多了）；有人陪玩的時
候，盡情熱鬧、瘋狂一波。也要切記，貓是永遠不會勉強自己
的，在情緒不對的時候（或還想睡的時候），就算有人要陪玩，
也會冷漠、驕傲、離得遠遠、站得高高，心無旁鶩地沉浸在自

己的小世界裡，非常有個性，
足以讓人捉摸不定。

套用在人類身上，就如
同女人應該有自己的事業、
工作，有自己的行程、會議、
員工旅遊、朋友圈，擁有這
些「除了男人」以外的事可
以忙，才是維持良好關係的
其中一個條件。

千萬不要當一隻太快被捕獲的獵物，一被抓住就放棄求生，
不跑也不動了、毫無抵抗的、溫馴不掙脫的，喔喔！悲劇就開
始了，當妳沒有自我、沒有能力、沒有價值，停止跟社會接軌，
男人也就開始準備出軌了。

為什麼？因為他是獵人啊！獵人的眼睛只會盯著奔跑中的
獵物、追的也是移動中的獵物，所以請記得，不要在家裡當那
個動也不動的廢物，就算住進獵人的家，或跟獵人結婚了，也
要有自己的追求，讓他的視線時時刻刻放在自己身上。

我是一隻貓，一隻移動中的貓。

相像的人只能作伴；
互補的人才能在一起長久

我一直認為：相像的人只能作伴；互補的人才能在一起長久。

剛在一起時，真的是如同兩隻刺蝟想要擁抱，是要忍痛張開雙臂、還是要小心翼翼呢？我們都是自己跟自己商量那種人，他有自己的 SOP，我也有，結果在愛上對方的同時踢到鐵板，就像是注定好的，有個人會忽然出現，專門剋自己。

我們兩個非常相像──對事件的解讀，都沒得商量，只有黑色跟白色，沒有灰色地帶那種，也各自有一套照顧自己的模式。當這樣的兩個人走在一起，那是硬碰硬耶！交往的兩年也的確遇過很多衝突跟困難，真的很多次差點就走掉、差點氣死、差點就不要了。

沒錯沒錯，兩個牡羊座吵架，不就是要把屋頂掀了嗎？

他應該好幾次有想把我掐死的衝動，不過在摸到我冰冷顫抖的身體，卻又心疼的把我攬進懷裡；我也是好幾次好想衝出門買槍掃射他，不過在路上看到他喜歡吃的食物，就打包一份回家分享了。

剛開始的摩擦磨合，先生都給我傳說中的冷戰，聲音超低頻，以為他要飄走，只講單字耶，很欠揍！非常欠揍！感覺極

度冷漠，即使搔他癢也會死命憋著的那種冷漠，好聽的話一句也不說，也不急著哄我。而且他並不是大家想像的那樣，會對我說大道理，反而是我比較急、比較牡羊座，會氣到大聲說：立刻給我說話喔！（而且還規定：再不爽，手也要給我牽著！）寧可罵出來也不准整個家靜悄悄，什麼事都要急著說清楚，急著 0 或 100。

在愛情裡，我們兩個自以為成熟又驕傲固執的人，依然像孩子一樣很真實，帶著傻勁，很努力，很欠揍，和好的方式也很笨，大多時候都是誰比較生氣，另一個人就會退讓一點，其實偶爾互相當「俗辣」是被允許的。

一次又一次，在彼此身上學會了冷靜，還有願意開口溝通，默默的替對方著想，消化情緒，修正衝突，後來發現，當真心愛上對方之後，會漸漸變成一個講理的人、會努力讓對方減少傷心難過、會希望能一起越來越好、會共同面對眼前的困境、會停下腳步為對方多考慮一下。

現在想想，吵的事都不是什麼大不了的內容，只是一股氣不過而已，我覺得每對情侶好像都這樣，非得要經過用力捉摸之後才會知道合不合適、該不該繼續努力。

不平衡的感情，可能只有一方想變好，這樣爭吵的頻率只會重蹈覆轍；**平衡的感情，兩個人都想一起更好**，把時間拿來相愛而不是傷害。

我很慶幸，在這個階段遇到這個人，是兩個人在彼此拉扯後還能夠昇華跟進步。這種感覺就是舒服，還有自在。

慢慢的，我們其實不只很相像，也能很互補。

別懷疑！男生也會有月經

　　先生的脾氣不太好，很容易生自己的氣，東西忘了帶或是出點小差錯，就會悶很久都放不下那種人，好幾次我都被嚇到，慢慢的有機會我就告訴他：其實除了會立即危害生命的事之外，真的沒有這麼嚴重，別生自己氣，好不好？

　　大概一萬次之後，我忽然想通，就當男生也會有月經吧！（只是沒流血）所以當先生那天特別煩躁跟沒耐性，我就偷偷的當他月經來（噓～），我可以順從點、可愛點、讓他好過一點。有時候回到家，他沒有像往常一樣熱情的歡迎我、擁抱我，而是眉頭深鎖坐定在沙發上處理公事，我就知道一定有事情讓他心情糾結，這時候我會走過去摟摟他，接著默默的把家事做好，等他心情看起來好一點以後，我就賴到他懷裡去，問他想不想說說話？

　　有時候換成我，真的月經來或是生自己氣、工作上遇到委屈的時候，明明很想哭，卻老是板著一張超級臭臉，他會摸摸我的頭，問說：「老婆，是不是心情不好，想講嗎？還是我抱你一下，看會不會好一點？」這就是我們兩個人的相互理解。

　　另外，給男生一個忠告：當另一半跟你訴苦的時候，無論內容是什麼，都要記得，她就是不開心、就是卡住了，如果這時候你有很多建議跟大道理，請先吞回去，拜託！先陪她大罵

幾句婊子賤貨吧，等她心情晴朗一點再發表高見，並不是要你捂著眼睛跟她一起不分青紅皂白，而是先關心情緒，再關心事件，理解才能保命啦，懂嗎？

我的先生有潔癖，我也有，但對於同一件事的SOP卻不同，比方說，我早起打果汁的時候，他會走過來調整我杯子的角度，拜託！也才移動1公分是有差嗎？剛開始我的背都會有一股莫名火忍不住，後來我觀察發現，他不是故意的，是無法控制的那種下意識的行為，就像被一種強迫症神明（有這東西？）牽引到慢磨機前面調整角度一樣，反正他就是要調整到他覺得完美的樣子才安心。後來只要看到他又走過來，我就會讓一讓，等他調整完還跟他說聲謝謝！反正就在心裡偷偷叫他「微調王」就好！哈哈！

剛住在一起的時候，房間小小的，家事都是他在忙，我其實是不敢輕舉妄動，深怕破壞了他的規矩，超怕我做了，他不滿意，會不會有可能還要再做一次呢？常常覺得自己好像幫不上忙，但又實在覺得不行再這樣下去了啦，怎麼辦？

有次他在認真打掃的時候，我跟前跟後的跟著他，很認真看著他一舉一動，直到他抬頭問我：「小妞怎麼了？一直盯著我看？」

　　我說：「我現在要來邊看、邊學，要完全學會你是怎麼照顧自己的，這樣以後我就能照著你的方式照顧你。」

　　感覺先生心裡溶化了一點，漸漸的我讓他放心，讓他覺得我們兩個人一起生活，其實不會像他從前的戀愛一樣，只是單方面增加負擔，而是可以互相分擔的，還能放心把事情交給另一半，信賴對方，這也好重要對吧？

　　以前他不讓女人進他的廚房；現在，我們誰要早出門工作，就由另一個人準備蔬果汁、早餐和洗碗盤；以前他也不讓女人開車載的；現在，坐我的車他很放心，會讓我去機場或是高鐵站載他。

　　就算先生會月經來、會發脾氣、還有微調強迫症跟潔癖不讓碰症候群，都沒關係，因為相愛，所以我們能互相理解、關懷，也能找到最開心的方式一起生活。

誰能完美呢？
至少在我眼裡，這畫面很美

　　知道我跟先生交往，朋友們都滿驚訝的，畢竟我是一個這麼怕麻煩又重度戒慎恐懼者；牡羊座男生、演藝圈、瘦子、上網就看得到緋聞——這每一樣都是我最排斥的啊啊啊啊！

　　奉勸大家不要不信邪！說不想要什麼，都是白搭！不想要的都會找上妳，越不想要的更是硬要來找上妳，我明明喜歡啤酒肚啊，最討厭比我瘦的人耶！（大笑）

　　經過大量相處，漸漸的我理解眼前這個人，其實跟電視上、報導裡形容的不太一樣。

　　交往初期，他常在我身邊 Re 通告，所以我也常聽到他上節目的內容，有天我忽然開口問說：不知道我要這樣聽你跟眾前女友們的故事多久？講完我就大笑了，沒想到先生卻把這句話放進心裡，一段時間過去，發現他推掉好多好多節目通告，我一問，他才說：「我不想再上電視說除了妳之外的女生任何故事了，妳聽了會傷心。」

　　只是隨口一句玩笑話，沒想到就這樣被考慮進去了，那種被在乎、被尊重的感受到現在都還在感動。

　　先生也是我的超級攝影師，不管去哪，老是蹲著一直拍我。

　　我：我拍你啦！你才是明星欸！

　　先生：有什麼關係？３２１……噴！這張好美！看妳笑得多傻！這張側面好漂亮！哎，怎麼吃東西都笑最開心？

直到現在，我還是很不好意思，好像每天的自己都值得被記得，好多美美的照片都是出自先生眼裡看見的風景，老幫我記錄、照片塞爆手機容量也沒關係，而且永遠把我拍得瘦瘦的，到現在還是覺得這樣很不好意思，但又由衷的感謝。

在一起一段時候後，先生也很愛說：「我載妳去！不然妳會找不到南港站的高鐵入口！還會迷路遲到！找到之後買個麵包、買瓶水，不要空肚子！」

真的是又想笑又想哭，以前的我才不會服別人，為何此時我的智商完全被歸零還很享受？一段日子的轉變，我發現原來真的會有一個人的存在能讓自己安心和放心。

有次一過 12 點，我跟先生說：「已經 9 月了耶，祝你 9 月快樂！（很愛祝福人）」

先生走過來抱著我問：「8 月妳有快樂嗎？」

我：「快樂啊！」

先生：「那 9 月我們要更快樂！」

還能更快樂？他好像總是說到做到。

不知道你們口中所謂的合適，到底該具備哪些？是多少的年紀差？什麼樣俊俏的外型？

我只知道，很多看到的都會隨著時間消逝，能永遠在心中

暖暖的，是眼前這位會悄悄幫我縫釦子的人。

也許在你的印象中，他並不是完美的人；但誰能完美呢？
至少在我眼裡，這畫面很美。

門當戶對

　　是的，我認為門當戶對很重要；但指的不是財產，而是成長環境以及價值觀。

　　價值觀絕對掐著一段關係的命脈，我們見過身邊太多朋友，無論多相愛都會有些不適合，對於同一件事的看法相差甚遠、對於同一個物件的珍惜與浪費、對於生活型態的積極與怠惰、對於未來的腳步快慢，這些摩擦的累積，會使人產生誤會，以為只是好像很容易吵架，所以常聽到有人說：我們感情很好，只是很容易為了小事情吵架。其實不是的，只是兩個人的生長環境太不一樣，價值觀差異太大，根本沒辦法相融。

　　我有個朋友是標準的千金小姐，家裡是前幾大建築公司，從小讀貴族學校、出入都有司機接送，我們從她高中就玩在一起了，雖然她常常不小心露出嬌貴的脾氣，但身為朋友，大家也都是寵著她、讓著她，只有我會忍不住爆氣訓她：「請妳行行好，不要這麼大小姐性格，約了就不准遲到，如果要跟我們這些平民老百姓當朋友，麻煩請考慮到其他朋友的上下班時間，吃飯訂的餐廳也請考慮其他朋友的薪水收入好嗎？」而她也總是嘟嘴說：「好的，遵命。」

　　所以千金大小姐總會跟千金大小姐們聚在一起，因為她們水平相當，誰也毋需配合誰，不過我這個千金朋友卻很珍惜我

們這些老朋友，所以雖然我嘴巴嚴厲卻常陪著她分憂，嗯！千金大小姐也是有很多悲催的項目，像是被逼著相親、被逼著跟不想相處的人約會等等。

不過叛逆如她，怎麼可能乖巧地聽從家裡安排？偏要偷偷談戀愛，還找了個平民，不過他們是真的互相喜歡，從眼神跟行為都看得出來，儘管相愛卻也常常吵架，吵架的原因不外乎偶像劇看到的那樣，對同一件事有天差地遠的要求，甚至覺得男生工作一個月薪水還沒有她刷卡額度十分之一，要不要把工作辭掉陪著她就好？

拜託！有哪個正常有尊嚴的男生會答應這個啦？還有，這位大小姐送平民男友的第一個禮物，是改裝男友二手國產車裡面的音響，嗯哼！二手車當初才買 15 萬，音響就超過 20 萬了，我邊聽邊流汗。

還有一次他們因為男生加班，沒有來得及趕上說好的晚餐，大小姐一氣之下買了機票出國了。

她打給我說：吵架了，他不遵守約定，加班比我重要嗎？我現在要出國散散心。

我說：先別生氣啦，想散散心也不錯，小心安全就是了，是要去哪？

她說：法國。

　　呃⋯⋯這怎麼說呢？也不是誰有錯，只能怪兩人從小的環境讓他們有太多不同。

　　如果不想要老是委屈自己或老是覺得壓力很大，那對於工作的追求、享受的頻率、奢侈的程度、生活時間的調配、能力的多寡，都應該要在交往前完整的設想一遍，以上的例子有太多太多，不管是男女角色互換，還是誰再遷就誰一點，什麼大總裁與小會計、我的老婆是千金那一類的，倘若沒有足夠強大的心理建設，都會變得很難堪。

　　當然，我所謂的門當戶對，不是金錢、背景、行業別、地位高低那麼庸俗的東西，而是很簡單的，價值觀要類似、頻率要靠近，才不會因為差距，把感情談得這麼辛苦。

　　所以，我非常了解自己，是根本不能嫁豪門的那種女子，太突兀了啦！我一定會很快就逃走，要我整天沒事做，只能相夫教子，待在家領老公薪水，倒不如把我手綁起來算了。就像對於名牌我也沒什麼追求，認為實用比當季重要，好看的過季商品還能買到好價錢，又經典、又好搭配，超爽的！不過我這樣的思想，在豪門婆婆眼裡看起來是不是很小家子氣、很窮酸？所以我一點也不適合豪門，與其綁手綁腳、心虛不踏實地過日子，不如自己把自己養肥點，不要看人家臉色才是王道。

　　跟先生在一起是最舒服的狀態，我們都把自己照顧的很好、我們的家庭背景都不特別厲害、我們凡事都靠自己，我們手上握有的都是自己努力掙來的，他不必花力氣養我、擔心我，我也毋需花心思管他、規範他，自然而然就沒什麼太大的拉扯疼痛。

　　還有，能在關係裡感到幸福，是因為我們對單一事件，總是看法很像，想法很雷同。

　　我說吧，**人都是有點自戀的，都會愛上一個跟自己有點像的人，不管是外表還是內心。**

拼命道歉卻死性不改的人 vs 不用嘴巴道歉卻真心修正衝突的人

　　以前遇到的男生，通常都會在吵架開始的第 28 秒就開口道歉了。一直到我完全氣消，大概 say sorry 100 次左右。

　　不過我那位人生中的大鐵板——喬志先生，居然是個不會道歉的人耶！

　　第一年，我依然是火爆女漢子，覺得先生在吵架中的冷漠反應非常討人厭，常常在心裡很用力巴他後腦勺，還會想說：算了，只是男女朋友而已，可以分手！

　　一次又一次，爭吵的時候，我常覺得：你可不可以不要這樣，可以冷靜一點嗎？才發現不冷靜的是我。

　　不知道從哪一次開始，我靜下來觀察，才發現他不是不道歉，只是把道歉的力氣拿來沉澱跟思考。

　　以前遇到的男生，總是第一時間道歉，卻一次又一次地犯同樣的錯，傷我的心；而我眼前的先生，竟然能在一次又一次的修正過後，變得不一樣了，遇到同樣情況跟錯誤時，他會選擇保護我，不再重蹈覆轍。

　　直到現在，我已經算是非常了解他，有歧見、有脾氣的時候，會先冷處理不說話，彼此把情緒先消化完，才開始正視問題。如果得消化到隔天，睡覺還是要牽著手，隔天可以好好溝通了，自然就能輕易解決。

　　所以到底是要一個死命道歉的、但卻不會改變的另一半比

較好呢？還是要一個即使當下情緒沒有很好受、但不會重複犯同樣錯誤的另一半好呢？

見仁見智吧，如果需要的愛情是轟轟烈烈、吵吵鬧鬧的，那就找到另一個也喜歡吼叫的人；如果需要的愛情是能彼此理解、安安穩穩，那就找到另一個也懂得整理情緒的人。

我認為，在愛情裡需要的除了愛跟包容之外，還有很多也是必須的，好比說：心疼、安慰、感同身受、不用言語傷人、不把情緒化甩在另一半身上、分手不隨便說出口。

常常有人問，分手了還能和好嗎？我覺得應該是先問問對方，是不是也有想為這段愛情再努力一次的意願？之後才是評估自己的能耐。當你們再遇到相同的事爭吵時，能夠比上一次更有辦法解決、更有智慧面對嗎？能把道歉的力氣拿來不犯錯嗎？這才是最重要的。

再強的人，只要遇到能安心的另一半，無論男女都能變得柔軟。

跟他在一起是最想哭的

　　剛開始的摩擦磨合，以為他很冷漠，後來才知道只是很冷靜。但是默默的替我著想、修正衝突、真心付出，原來安定快樂就是安全感。

　　那種想哭，是一種心安。
　　原來自己可以不用加倍拼命，也能放心的擁有這些美好。

　　那種想哭，是一種自在。
　　原來把愛放進適合的地方，會如此的輕鬆自在不必擔憂。

　　那種想哭，是一種舒適。
　　原來自己可以想哭就哭、想笑就笑、想發神經就一起發不用掩飾。

　　那種想哭，是一種感受。
　　原來自己的心急、壞脾氣，可以因為有你放鬆一點，因為被理解。

　　曾經，以為這一輩子，就要自己獨立、堅強到老。
　　後來才知道，原來有個他，可以留在身邊那麼重要。
　　讓我的倔強，有一個地方可以暫時放下。
　　讓我的逞強，有一個肩膀可以靠一下。

他可以清楚感覺到我的疲勞、我的利潤不高，適時的，用溫柔的語氣說是不是要休息一下？

他可以看到我難受、我的委屈、我的硬著頭皮，適時的，用捍衛的口氣說不能這麼累了，妳有我啊！

他總說我是一個特別的女生，特別善良特別溫暖特別有力量（應該不是力氣吼），所以他格外珍惜、格外呵護、格外不捨。

他說不希望有一點點讓我受傷的可能，所以努力把自己做好變成更好的人。

生活能擺在一起相處、相知、相惜，談何容易？

不知道未來會怎樣，但此時此刻，我很快樂。

給足自己安全感

我很常提到安全感的事，大家覺得安全感是哪裡來的呢？有人説是男生給，有人説是女生要給自己。我認為，要給足自己的那份安全感，再來期待另一半能給的那一份，應該雙方都有責任的。

我的安全感來自於，萬一真的哪一天先生真的移情別戀了（搞不好就真的有個范冰冰款來追他，而他被她的美貌震懾住了），那，怎麼辦？我有心理準備、我沒有要賴在誰身上、我有工作、有收入，還有一點點存款，如果不幸的少了一個老公，除了難過，其他的好像沒在怕。再來，眼前這個人足以讓我相信，不疑有他。OK，我把安全感給足我自己了。

一直以來，我不看先生手機，覺得在生活裡的相處態度，就能略知一二，先生不曾讓我找不到，對於工作行程我們都會互相告知一下（每天都會約隔天最少一起一餐），話説，如果另一半看手機時總是遮遮掩掩、偷偷摸摸，那其實在找到證據前已經可以分手了，對我來説，光是不尊重就很嚴重，或是對方刻意隱藏，就足夠令人作嘔了。

真的很多人喜歡偷看另一半手機，又或者是把看手機當作一種信任標竿，拜託！真心要欺騙，早就刪光光了；而且，如果真的查出什麼，要分手嗎？還是只是想吵架？如果只是想找架吵，那偷看手機是蠻好吵架的理由，如果是真的已經不信任

了就分手吧，別看了。

　　大多數的情侶都卡在要分不分，看到就吵架，吵完也不能怎樣。下次有爭執，又把這條舊帳翻出來討功勞：「上次我都原諒了……」然後無限循環。其實真正的原諒是要忘記。

　　我覺得不會有其他事比父親過世更難過了。所以我夠灑脫，不論他以前的名聲是不是花名在外，或者是有交往過幾百個女朋友，又或者是我們剛在一起的那段時間，他還有跟別的女生往來，對我來說，無所謂，那些人都沒有在我的生命裡。

　　先生夠聰明，知道我是一個很灑脫的人，所以他知道得發自內心尊重我，才可以留住我。當然，在交往階段，我也直接或間接地聽過很多先生的小八掛，不過從來懶得花心思探索或是追究，**反正先生跟我在一起以前的事，都不關我的事，現在在我眼前的人、一舉一動，才是我真正感受到的，也才是最真實的。**有時候想想，好像有點藏私的感覺，只有我知道先生有多好，其他人都不知道，這樣也好。

　　遇到先生，我改變很多，以前我可能沒有這種智慧。
　　但我們現在擁有了，就要好好使用。
　　到現在，我們結婚了，還是沒看過他手機。

說不完的話

　　陳小春曾經在節目上說：我不愛說話也不愛笑，但自從應采兒出現在我的生命中之後，我多了很多笑容。

　　真的好浪漫對不對？愛情不就是這樣，妳在鬧；我在笑。

　　一輩子真的很長、很久，不可避免的，愛情會像臉上的膠原蛋白一樣，隨著時間遞減，越來越少，除了愛情還能留下什麼？找到一個跟自己有說不完話的人，是不是很棒？

　　大多時候我跟先生總是嘰哩呱拉地講個不停，什麼都分享、什麼都聊，常在關燈之後還牽著手說話，一個不小心，就聊到天亮。這是讓我很享受這段感情的一個最重要原因，從只是朋友到交往到婚後，每天都要說一堆話，什麼都好、屁話也好。也有時候在家沒開電視，只放音樂各自忙著，忽然播到某首我們會同時「喔～」的歌，就跑到對方身邊，邀請對方一起隨意跳舞，管他舞姿好不好看（大多都很笨呆），重要的是一起享受了這一首歌。

　　我曾經看過一個故事，孫子說自己的爺爺好嚴肅、話不多，唯一能讓他講不停的對象就是奶奶，不管奶奶在家裡哪個角落忙著，爺爺總是有辦法一直跟奶奶說話，如果奶奶在廚房忙，爺爺會搬一張小板凳坐在冰箱旁邊，說以前發生的事、或是樓下鄰居誰娶了媳婦，如果奶奶在陽台曬衣服，爺爺會靠著紗窗

門，說剛剛公園裡誰下棋作弊、或是哪個鄰居的狗狗生了孩子，奶奶有時候應個一句、答個兩次，有時候就讓爺爺一個人說。**好美啊！從老婆到老婆婆，從老公到老公公，這不就是最久的愛情了嗎？**

　　如果可以，找一個能永遠有話聊的另一半。

　　不要懷疑，有些夫妻真的沒話說，除了孩子、薪水、剩下的都變成硬聊。

　　當然，同一個空間，兩個人，彼此忙著各自的事，空氣中有愛，這樣也很滿足。

獨立又依賴

　　人的面貌跟柔軟，真的是跟著環境，還有身邊的人改變的。

　　現在我的愛情生活是這樣：簡單；充實、既獨立也依賴，各自在工作中負責、努力；收工後相約曬太陽、吃飯。我不必有多餘的擔心，他不必有多餘的煩惱。

　　以前那些年，因為大事、小事都是我的事，所以凡事都要很謹慎，要罵人、挑剔人、監督人，面貌也變得尖銳、變得嚴厲，常皺眉頭、生氣、變得不好親近。現在的我好多了，朋友都告訴我：小樂的臉好像變得溫和了，笑容更多，也有女人味的那種溫柔。
　　現在我們家的大事由我決定，小事是先生決定；不過，通常我們家都沒有大事。

　　愛情、婚姻好不好，看女人的臉就知道。對一段關係，是充滿希望還是一直很失望？是充滿期待還是連期待都不敢期待？是幸福美滿還是欲求不滿？是互信互愛還是不信不愛？是安全無慮還是緊張焦慮？

　　我在餐廳看過一種媽媽很狼狽，她要餵抱著的這個嬰兒、也要忙坐著的那個幼兒，一下吐奶、一下打翻麵條，我看了都好想伸手幫一把，老公呢？玩手遊！一看就知道這位爸爸是在

外面工作了一天，好不容易下班了，只想放鬆。而媽媽就是全職顧孩子（還一打二），一天 24 小時待命，沒有下班時間。這個媽媽，只有豬隊友，沒有神幫手，她頭髮亂綁、穿著有油煙味的寬鬆上衣、皺著眉頭、吼小孩，連喘個氣的時間都沒有。

我也在餐廳看過一種媽媽很美麗，也是有兩個孩子，她牽著幼兒坐下，不疾不徐的把他放進兒童餐椅，將孩子食物準備好後，優雅地吃著早午餐，而嬰兒則由爸爸抱著哄著，等媽媽吃完，才接過爸爸手上的嬰兒餵奶，換爸爸吃，整個餐桌上只看到夫妻倆互相配合。這個媽媽應該也是全職媽媽，只不過有個神隊友，所以不需要幫手，她長髮披肩、穿著合身剪裁的連身褲、保持微笑對孩子說話。

我身邊有幾個女生朋友離婚或是分手，就開始變漂亮。她們懂著傾聽自己、疼愛自己、照顧自己，就算是一個人生活，也願意花時間打扮，願意吃一頓以前捨不得吃的，願意嘗試、願意快樂。幹的好！真的！

男人呢，在生理上沒辦法幫忙，至少可以在心理方面做點貢獻。相信如果有一天，我們有了孩子，先生也會讓我當個優雅的媽媽。

謝謝你讓聖誕老公公來

　　我最喜歡的節日就是聖誕節，走在路上就感受到歡樂，每個年末滑臉書都能感受到大家的幸福，看到每個爸爸、媽媽精心幫孩子偷偷準備聖誕驚喜禮物、佈置聖誕樹、還要假裝沒事安排期待中的聖誕老公公，都好羨慕。

　　從小爸媽因忙碌而放養我，所以沒有人替我包裝童年幻想跟期待神話，沒有聖誕老公公、煙囪、聖誕禮物在早晨出現，從小就活在現實中的我明瞭：這是長輩給孩子的願望跟浪漫，聖誕老公公是百貨公司的人扮的、麋鹿根本不會飛、也很少房子有煙囪了。

　　就是這麼沒有童年跟美好，所以老實說，我一直不是個有期待的可愛女生，即使心情澎湃還是看起來有點冷漠、有點無感。

　　有一年的聖誕節早晨，先生問我：聖誕節早晨一定要幹嘛妳知道嗎？
　　我說：賴床啊！等下要喝蔬果汁、喝滴雞精、吃早餐。
　　先生煞有其事的說：聖誕老人有來喔！
　　我揮揮手說：怎麼可能啦，真愛開玩笑！
　　但是先生堅持聖誕老人有來過家裡，而且在聖誕襪裡放進禮物。
　　我剛睡醒還懵懵懂懂，嘟嚷家裡又沒有煙囪怎麼可能有人

進來啦，賣鬧喔！

　　赤腳啪嗒啪嗒，跑去看買來裝飾的大聖誕襪襪──真！的！
有！禮！物！
　　是之前被我肥屁股坐斷的墨鏡，但實在捨不得再買一次那
副。

　　我傻呆的、開心的坐在沙發上說謝謝，謝謝有禮物。
　　先生說：不是我啦，是聖誕老公公。
　　屁啦！
　　先生又說：真的不是我啦！
　　就你啊！
　　先生認真又堅定的說：是聖誕老公公來送乖小孩禮物啊！

　　謝謝你，謝謝你讓聖誕老公公來，當然是大爆哭。

手沒有爸爸牽，
誰能來把我交給誰呢？

　　小時候都會幻想自己結婚的時候是什麼模樣？也常看到很多人驚心還有精心的求婚場景，算一算，我前前後後當了八次伴娘，居然整整八次，根本職業伴娘（畢竟本人沒在理會嫁不出去這個威脅），每次看新娘的爸爸牽著手進場都好羨慕。

　　跟先生交往的一年多之後，大家都比我們敏感，穿正式一點拍照就問我們是不是偷結婚，出去旅行就覺得我們是去偷度蜜月，不小心吃胖就懷疑我偷懷孕（苦笑），真的覺得大家好失控、好爆笑。唯獨我們兩位，是比較冷靜的，因為兩個人個性實在一模模一樣樣，年輕的時候都是衝動鬼，老了反而心思變細膩，凡事都更小心謹慎。

　　尤其受傷過的張先生，其實他壓根沒想過再婚，有過一段太年輕又不是太成功的婚姻後，一直有大大的心魔，加上好多事情都一個人商量、一個人承擔，本來想存夠錢，要一個人住養老院過一輩子，沒想到生活被我亂入闖入，單身計畫直接被破壞。

　　我呢？因為爸爸離開的早，跟哥哥要更盡力的照顧媽媽，一直為了家在拼命努力燃燒生命。20歲到現在，在很想爸爸的時候，會想他的聲音、手掌、溫度，還有說過的話，就逃避的想老爸不是消失，只是去了哪裡還沒回來。我曾經夢過很多次

爸爸說：其實我是假裝不見的，女兒只要每天漂亮、努力、快樂，我就會回來。

深深相信有天我真要嫁人了，他不可能還不回家，真的！他肯定像他說的一樣會出現的！雖然一直如此這般告訴自己，但實在不敢想像父親的缺席，所以沒想過結婚；甚至不覺得自己有權利結婚，因為手沒有爸爸牽，誰能來把我交給誰呢？平常看似很樂天，但其實也有隱藏的大心魔。

20170120 這天，我的男友單膝下跪，說了彼此一輩子也不會忘記的話，然後變成未婚夫了。

他說，因為小樂的爸爸離開很久，所以小樂一直是個很辛苦的女生，在這之前，真的是沒有什麼很大的勇氣，我知道以前我不是一個很好的男朋友，但希望以後能做一個好老公，如果小樂的爸爸還在，我想問：「爸爸，請問你的女兒可以嫁給我嗎？」又問我，在這麼多好友的見證之下，妳願意嫁給我嗎？

現場男生女生都哭成一團。真的是全部的人，第一次看到男生哭的數量有如一支兩棲蛙人隊結訓！

即使是毫無預警的，即使戒指是借來的，但是說的話是真

心的。

謝謝你，我願意。

在那個熱鬧之後，我們沒有機會交談，一直到隔天一早，睜開眼睛看著眼前這男人，有點不可置信被求婚了，是不是吃錯藥還是被鬼附身？（大笑）要張兆志說出「嫁給我吧」，可能需要一百萬個神蹟。

正當我在思考一切不可思議時，他睜開眼看著我說了第一句話：「早安啊～張太太。」

OK！我直接臉紅！

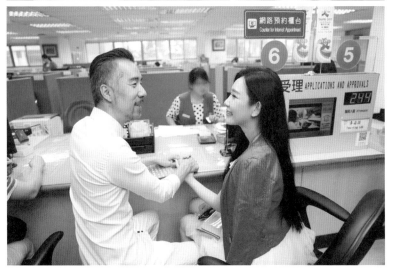

謝謝爸爸也在；
我知道你有來

　　常常在需要被鼓勵、或身心疲勞的時候，夢到我的父親，這幾年開始重視自己的健康、好好照顧身體，懂得拉長睡眠時間之後，就連很快樂、想分享的時候也會夢見，可能有好多話想要跟他說，卻不是一通電話、一封簡訊的距離能做到。

　　爸爸來到我們的家，是吃晚餐時間。

　　一進門就緊緊抱著，我嘰哩呱啦的說最近發生的事，手緊緊握著老爸粗糙的手，一直講沒停過。

　　一直看、一直看，因為好久好久，都沒有那麼近的看著最愛的老爸了！

　　跟媽媽、哥哥、爸爸、先生一起吃飯，介紹先生給爸爸認識，老爸說：我知道！我看著呢！

　　好滿足，一直看著牽著這個最想念的人，還有好久沒有的一家團聚。

　　小心翼翼的做每個動作，不敢大笑更不敢哭、不敢走動。

　　拿起手機自拍，也拍了好幾張全家福。

　　知道徒勞無功；因為我清楚自己在作夢，深怕一個不小心太大力，就醒來了。

　　輕輕慢慢的，希望你能陪我多說點話。

　　多聽聽你聲音、多摸摸你、看看你。

現在只有在夢裡才能見得到你。

張先生正式向我家人提親那天，很圓滿、很歡樂。
女兒找到相愛的人，帶著一身傲氣，要結婚了。
謝謝爸爸也在；我知道你有來。

我最後一個男朋友

決定要登記那天的前幾天，媽媽重複問我：女兒，妳有確定了吼？

我告訴媽媽：我沒辦法跟妳確定什麼，沒辦法跟妳確定我會有多幸福或是幸福多久，但我能確定的是，眼前這個人懂得愛我、讓我、疼我，我也會一樣對待他。

媽媽忽然說：讓我想一下啦，啊不是才剛出生嗎？怎麼就要結婚了！

還有哥哥，我的好哥哥，這些年我們一起努力跟打拼，我很幸運能有這麼一個神隊友，如果沒有哥哥，也不會有今天站穩穩的我。決定結婚那天，哥哥寫了好長一封信給我，像往常一樣給我很多支持跟祝福，我知道哥哥帶著更多的不捨。

我的公公婆婆，則是準備好多禮物給我，是他們一直想送給媳婦的禮物跟祝福，公公婆婆把我的手握得緊緊的，在登記結婚那天，我多了好多家人。

最後一個男朋友，是我的先生。
我們在20170520結婚了。

這天起床後，散步去家附近的戶政事務所登記。
簽完名、換身分證，就結婚了。
從此以後爸爸的名字下面是先生的名字。

佛説：前世 500 次的回眸，換來今生的擦肩而過。

而你，留在我的生命裡，我們前世應該是 520 次的回眸。

兩個不想結婚的人，居然就這樣結婚了，連我們自己也很驚訝，更何況是你們？

還記得我父親説：不是誰娶了誰，或是誰嫁給誰，而是找到一個相愛的人，結婚。

你很重要

從小到大都不是很順遂的女生，也一直很多磨難沒停過。

最常被問：感覺總是很樂天耶，既然那麼難受，為什麼妳不哭？

我也時常想著：要是能任性哭出來就好了。但是**掉眼淚只會把勇敢一起揉掉不是嗎？所以我習慣性很倔強。**

倔強沒有不好。它讓我看起來強大、看起來不怕，但也讓我變得難相處。

因為不太哭，所以一段時間就會找一部電影，讓自己大哭一場，為的是要確保淚腺還堪用。

直到遇見先生，他就是有種魔力，把我深藏在最裡面的柔軟逼出來、給我安慰。

活了這麼多年，我第一次膽敢在一個人面前放心哭。

好像一種療癒的法術，一次又一次，只要心裡難受就可以放心訴説。

直到現在，遇到委屈便本能的不武裝了。

再也不用高分貝生氣來掩飾想哭的難過。

如果不是一整天盯著我，根本不會知道眼前這個笑瘋的丫頭，剛剛受了委屈大哭過。

如果看過我哭到不能自已，那代表你很重要。

嗯，你很重要。

有個人讓我想趕快回家

　　大多數的人一生尋尋覓覓都在尋找戀愛跟婚姻的意義。

　　常有人告訴我，在交往中的另一半，其實很多缺點跟無法讓人安心的部分，甚至更多人遇到的是幾倍嚴重的情況，但就是不知道怎麼更好，就只能這樣兩個人互相停滯在這段關係。通常我只會問，先想想自己談戀愛是為了什麼呢？是要快樂、充實、互相成長的嗎？如果是，那請看看自己目前的戀愛是不是想要的那種；如果不是，那請問還要這段戀愛幹嘛？

　　我想，戀愛的意義不難，也許只是在生活中，因為多一個人參與，能更有滋味，不管是酸、甜、苦、辣，還是甘、甜、鹹都嚐過，那意義就不那麼重要了吧？

　　婚姻的意義其實我一直沒有理解過，是要如何經營我也還在摸索中，可能因為婚後我們的生活其實沒有太大變化，除了身分證上多一個名字以外，都還沒有太大感受。
　　直到有天晚上先生比較晚回來，打開家門那一秒。
　　我一如往常的從床上跳起來迎接：「老公～你回來了，歡迎回家！」
　　忽然他一直笑一直笑，笑得很奇怪，我好奇的問他在笑什麼？先生說他終於知道結婚的意義是什麼了？又笑了好一下子之後說：「就是有一個人讓我想趕快回家，而且回家的心情很

開心，連坐電梯上樓都等不及的感覺。」

　　有一個人讓我想趕快回家！啊！原來結婚的意義是如此簡單扼要！

　　我從不會問他幾點回家；
　　因為他總是急著回家。
　　婚姻生活到目前為止，張太太我本人依然感到自在愉快。

5

漂亮＿＿＿讓我們一起變漂亮

真正的漂亮，
是時時刻刻都在自體發光

讓我們一起變漂亮

很多人聽到我要出書,都以為是要出保養的書,不過我覺得與其出一本書教大家步驟,教大家要用什麼產品,倒不如請你們直接去看臉書直播比較快,因為我比較會説,寫下來太麻煩了啦。

其實保養不難,只要勤勞、不怕麻煩、持之以恆,什麼時候開始都來得及(當然越早越好),要記得,年齡並不等於肌齡喔!有些年輕妹妹的肌膚年齡可能比 40 歲的姊姊還老,所以想保持最棒的肌膚,一定要先徹底好好了解自己,花時間在保養上,肌膚絕對會回饋給自己的。

揪大家一起變漂亮是我的使命,從最基本的細節開始:卸妝、洗臉確實,是保養步驟中最最最重要的。首先是卸妝、洗臉產品的選擇,務必要自己試用找出適合的,不管是卸妝油、卸妝霜、卸妝乳、卸妝水、卸妝露,洗面乳、洗面膠、洗面露……都可以!花點時間跟經驗累積,找到自己喜歡、習慣、沒有負擔的就好。

每天一定要卸妝確實,不要發懶隨便卸一卸、更不要帶著妝過夜,卸妝完畢後接著洗臉,把臉完整潑濕,不管選擇哪一種質地的洗臉產品,一定要先在手心搓揉起泡,才在肌膚上畫圓,在臉上各處搓揉大約 1 ～ 2 分鐘即可,水的溫度記得不要

太冷也不要太熱，用接近人體溫度的清水最好，洗完臉後用毛巾壓乾，請溫柔對待臉皮，不要使用暴力。

我每天都會敷一片面膜，依照當天的肌膚狀況選擇要補充的系列，不管是保濕、修護、緊緻、美白，**就像命中缺什麼就要補什麼一樣**，不要心疼！畢竟臉皮只有一張，而妳每天都用這張臉皮在面對別人。

敷臉完畢後，接著就是保養步驟；琳琅滿目的品牌和產品，到底要怎麼選呢？只要記得幾個原則就好，不管是什麼膚質，保濕永遠最重要，大量的保濕能調理肌膚達到最佳狀態，再來才是修護，修護每天的風吹日曬雨淋。等到肌膚調理到很穩定很乖，就可以進階到美白，讓膚色更均勻、更透亮，或是換膚這種很考驗肌底的產品種類。

常常有人買了產品不知道如何標註一、二、三，到底要怎麼使用呢？沒有意外的話，大多數保養產品的順序都是從小分子到大分子（越大分子越稠），簡單來說就是水－精華－乳液－

乳霜，記得每個步驟都要順著肌膚紋理按摩到完整吸收，花多少時間化妝就花相同的時間保養吧！

除了天生毛孔小到看不見，令人羨慕的天生麗質肌膚之外，最多人問的就是「粉刺問題」，我得說，人只要活著還有呼吸、就一定會長粉刺，不管是白頭粉刺、黑頭粉刺都很正常。先搞清楚什麼情況會造成粉刺，再加以防範跟注意，一定會改善的。

手摸臉、手機貼臉、枕頭套、油膩的食物、空氣中的髒污、老舊角質、化妝品、賀爾蒙……等等，有太多太多原因會堆積成惱人的粉刺（以及更多肌膚問題），請記得，先找出自己會致痘的原因，在還沒把肌膚調理到乖巧以前，要定期找專業的美容師，清除臉上堆積的老舊角質跟堆積的粉刺、痘痘（之後的保濕跟修護也非常重要，請務必注意）。

粉刺、痘痘、面皰千萬不要自己處理、自己用手擠，很容易留疤痕或是細菌感染。痘痘要看成一個發炎的傷口來照顧，先消炎、消腫，等痘痘消了之後不可避免的會先有黑色素沉澱，沒有傷口後可以加快黑色素代謝，避免痘疤久留。

剩下的毛孔問題就要靠每天的努力，毛孔恢復彈性後就會再更縮小一點，肌膚認真調理，注意飲食、蔬菜水果的攝取，肌膚跟體內的代謝都會變好，自然就能養出好肌膚。

　　堅持只喝溫水、不喝飲料，試試看，會差很多！最後是要改善生活環境，環境乾淨整潔以及空氣流通，深深的影響身體健康，例如床單、被單、枕頭套，要定時更換、清洗。

　　出外的防護也好重要，隔離、防曬都要變成每天必備，別偷懶，也不要想到才抹，不能只是一味的保養卻忘了保護自己，尤其現在空氣品質跟紫外線都是肌膚老化殺手。

　　除了外在，我還有好多想告訴大家，漂亮不是只有膚質，還有髮質跟心理素質，我所謂的漂亮不是符合現在流行的長相或是穿著，而是有自己的樣子，用自己最舒服的樣子讓自己看起來更漂亮，也要把每一天都過得漂亮。

真正的漂亮是要自體發光

對我來說，化妝就是利用彩妝來彌補臉部不足的地方，或是營造需要的氣勢。當然素顏天生麗質很好，但出了社會之後覺得淡妝是一種禮貌，讓自己氣色更好，像是上點腮紅，化個淡淡的眉毛、或是唇膏。

在實驗室當主管的那幾年，面試新員工的時候，我更喜歡跟有花點時間打理自己的女生多聊一些，因為她讓我感覺有被重視，重視這次的面試也重視自己的樣子。

假如妳是主管，像是要開會、要洽公、要面對會議上的人，可能需要一種俐落妝；如果要去約會，需要甜美清爽的妝；如果是周末跟家人吃飯，則需要一點點看起來氣色好又沒有負擔的裸妝。

當然所有的化妝條件，都必須是把自己的皮膚保水度保養好，只要膚質好，不管偏黑或白皙都好，而且一定要避免會讓自己過敏的產品。唸書的時候可以多嘗試多摸索一下什麼適合自己，出社會之後，就要了解什麼場合適合什麼樣的妝。

要看起來漂亮並不容易，不是單指去整型、化濃妝、買名牌包、買看起來漂亮的東西放在自己身上，**其實，真正的漂亮是眼睛裡的透徹**。我很努力在每一個遇到的難題中，經過調適、

沉潛，讓一切變得漂亮，**所謂的漂亮不是看起來漂亮或是打扮漂亮，而是努力過後留下來的美、散發出來的光。**

　　曾經看過一片 DVD，是某一年蔡琴的演唱會，其中一首膾炙人口的歌曲每個人一定都會哼哼唱唱，還記得她唱到感動處時不停流淚，眼睫毛就掉了，她說，**真實的東西總會沖走假的東西。**沒錯啊！聽到這句話，我簡直雞皮疙瘩！

　　漂亮真的好重要，不管男生或女生，漂亮包含視覺上、嗅覺上、聽覺上、觸覺上，還有一個人的談吐笑容等等，這些都是組成漂亮的元素。漂亮不只是一件事情，而是每一刻都在為漂亮做準備。我最重視的是氣味，覺得味道是人的所有感官中最長久的記憶，常常會聞到某種味道就想到某個人，也有人說「香味會決定與一個人的距離」。

　　乾淨、整潔、衛生習慣也相當重要，大多數的女生都是先學會化妝才回頭學習保養，所以常常看到很多皮膚已經不好的女生，尋找的並不是保養肌膚的產品，而是更強的遮瑕膏。

　　所以我一直想告訴大家：變漂亮是要從裡面到外面才對。到了一定的年紀，要有一些固定的地方去，染髮護髮的設計師、做臉保養的美容師、嫁接睫毛的美睫師、喜歡逛的幾間店、餐

廳、咖啡廳。這些固定能讓自己不要每一次都冒險踩雷，年紀越大越不需要嚐鮮，因為我們記性會越來越好，對於錯誤的經驗會越來越無法忘記。談戀愛也是，年輕時候犯的錯，就不要重蹈覆轍了。

千萬不要只追流行，流行的東西不見得適合自己，有時候時尚會變成一場災難。也許五官並不特別突出，也許沒有流行的雙眼皮、挺鼻子，卻很有自己的味道，讓人過目不忘，時時刻刻都在自體發光──這就是我認為的真正漂亮。

總有一天會愛上自己的不一樣

　　小時候很不喜歡自己的性格，覺得自己跟大家都不一樣，甚至討厭自己是牡羊座的女生，對事只有黑白兩種分界，完全沒有灰色地帶，一點妥協都沒有，其實滿難相處的，交朋友永遠比別人辛苦，總是太直接、太著急、太熱情，太一股腦的相信，只會灑狗血的對別人好，卻完全沒有想到我所給的是不是對方需要的？總覺得有下輩子我要當溫順的人（而且要當男人），不再是這樣的衝動雞婆、這樣的戒慎恐懼，也不要有俠女個性渾身正義。

　　不知道什麼時候開始，身邊留下來的朋友都是滿滿真心且為自己負責努力的，這樣堅持到底的性格為我帶來很多伯樂，吃苦耐勞的本性也讓我得到很多機會。開始很喜歡自己，還很感謝自己的正直以及不可妥協的原則，讓我在很多岔路上總毫不猶豫的選擇最良善的地方前進，也往相處起來最舒服的人們靠近。

　　沒有覺得自己漂亮，頂多就是順眼的人，五官平平而且沒化妝就真的普普通通，拍照也只有某個角度看起來瘦，還有左邊的臉拍起來比右臉美，很愛漂亮，也很享受當女生愛漂亮的樣子。不笑時看起來很兇，大笑起來就很濟困。這樣的我就是許允樂。

　　身上的刺青都是卡通，代表友誼、童年、紀念、回憶；左
邊膝蓋上有一個很醜的「雷殘」疤痕，18歲那一年騎摩托車自
摔的；右手上有一個熨斗燙傷，高中的時候都要早起燙制服迷
迷糊糊就燙到了；眼睛跟眉毛的中間有一顆痣，還有眼下一顆
對稱的痣；腰很高，站起來很高，坐下來很矮、看電影都要把
外套墊在屁股下面不然看不到字幕。

　　算一算 ，還有好多好多只有自己才擁有的，我很了解很喜
歡自己。
　　妳呢 ？有沒有認真地了解自己？有沒有發現自己的獨特，
然後喜歡自己？

一味地強調內在而忽略外在，
其實也是一種膚淺

拜讀過香奈兒女士的書，她的經典名句實在太多了，最喜歡的一段話是：「**一味地強調內在而忽略外在，其實也是一種膚淺。**」這句話簡直是太帥氣！

我認為，把自己打理好，是對自己也是對別人的一種尊重。

無論是男人還是女人，能夠在意自己在別人眼裡的樣子，何嘗不是一件好事呢？看起來能夠整齊、乾淨、大方是最基本的禮貌。

出社會後，常常在會議中看到那種手忙腳亂出現的人，不管是客戶還是廠商，頭髮還是剛起床鴨屁股的形狀、素顏、襪子很鬆、衣服很皺、眼鏡油油霧霧的、眼屎可能都還沒有清乾淨。我真心的覺得這樣開啟一天很糟糕，每個人都應該要懂得時時刻刻尊重自己，也尊重與會的每個人。其實鬧鐘可以提早十分鐘，出門前好好照鏡子看看自己的狀態，這樣是不是想呈現在大家面前的樣子？

我算是一個很百變的女人，什麼樣的場合就能把自己變成適合的人，參加宴會、爬山、逛街、開會、運動、陪家人……等，這些都是需要很多不同面向的自己。

我有個朋友是台灣前幾志願的大學畢業，畢業後進入了一家很不錯的公司任職，認識她一段時間後，我忍不住很失禮的問她：「為什麼我每次見到妳，妳都穿同一套衣服？而且妳是

沒有在保養的嗎？到底有沒有化過妝？」她告訴我：「打扮真
的好麻煩喔，我每天就出門上班而已，輕鬆就好了啦！」

　　出社會兩年了，她幾乎每天都穿著類似的樣子跟顏色，永
遠選擇寬鬆的上衣、過大的長褲、舒適的平底鞋、完全不化妝，
居然連護唇膏也不塗。我一直不停洗腦、亂入她：「身為女人，
絕對不要每一天都是同一種模樣，這樣實在太浪費了。」

　　開始有直播後，她常常在線上看我，有一次我們相約晚餐，
見到她忽然有些認不出來了：「妳是誰？！」她說很多次默默
的點開我的影片，久了就被我說服了，開始保養、敷面膜、喝
溫水、淡妝、運動、工作穿整齊合身的套裝、假日出門玩也會
打扮自己，她說：「我自己都喜歡上自己了！」

　　實在太有成就感了，喜歡每個因為我受到一點點影響的女
生，開始懂得分配一些來愛自己、斟酌能力後依照自己的需求
給予適當的保養跟服裝，連自己都喜歡自己了，真是超棒的！

人不可以只有外表好看，內在卻不美

我的小潔癖：每天都花一點點時間整理。

朋友問我，為什麼妳每天都在打掃，到底要打掃幾次？

我每天都要打掃啊！回到家習慣性的把所有東西都歸位、吸地、擦地，浴室、洗手台都擦過一遍，這樣一來，過年就不用大掃除嘛，頂多就是做一些比較難的事，例如擦拭玻璃，清洗冷氣等等。大掃除真的可以不用塞在過年那幾天，如果可以，每一天做一點，就變得很輕鬆。

過年要除舊佈新？其實每天都要除舊佈新啦，養成好習慣，舊的早就丟掉啦！我對於漂亮、美麗的追求，也是這樣的心情。每天多做一點，就不必大掃除。

我認識一種女生，長得漂亮死了，一到她家嚇死了！床上真的有顯現一個人的形狀，沒有地板可以走路；另外還聽過我有個朋友超猛的，她家沒有曬衣服的地方，洗衣機洗完之後，就把衣服整個抱出來平鋪在地上等它乾。我的天！剛開始看到，只覺得這一定是整人遊戲，她的衣服上永遠都有一種沒乾的味道。

也真的有人一件內衣可以從學生時期穿到現在，還有更誇張的是不洗內衣，一個男生朋友有一天突然問我：「小樂，不

好意思，我冒昧請教一個問題，女生的內衣是不是都不洗？」
這是什麼問題？當然要洗！

　　他才說最近與女友開始同居生活，每天看到女友內衣脫了
就把它放回衣櫃裡，每天重複穿，但從來沒洗過。我簡直大開
眼界，這是生活細節，關於氣味、關於衛生習慣，也跟健康有
很大的關聯，內衣的內襯墊子會滋生細菌，所以一定要清洗，
大概半年到一年就要換掉一批，內褲大概是一季就會換掉一批，
我很捨得這樣更新內在美，內在很美才是真的美。

有天會發現，
有更多方式都比死亡來的好

每天都有好多選擇要做：
起床拉開窗簾的光線，要多賴一秒還是抱抱身邊的人；
第一杯水的溫度，溫水還是偏熱的水；
刷牙洗臉的速度，慢慢清醒還是戰鬥模式；
打果汁的步驟，蔬菜先還是水果先；
喝果汁看的頻道，晨間新聞還是輕柔的音樂；
什麼色系漂亮的妝，橘色系、粉色系、還是大地色系；
褲裝還是裙裝，屁孩模樣還是上班族；
適合今天行程的交通工具，開車捷運還是溜滑板車；
早餐呢？西式的還是中式的？

光是一個早上就得為自己做這麼多選擇，更不用說人生每一個階段，每一個決定。
你呢？每一個選擇都有為自己努力嗎？

是不是很多人都會這樣，看起來很熱鬧但心裡又覺得寂寞，想要求救卻又不知道誰能救得了這莫名其妙的低潮？小時候不太會為自己做選擇，無論是面對學業、談戀愛、友情、工作、還是自己面對自己，常常有那種「好像搞砸了」或是「覺得自己一塌胡塗」的感覺。

好比說：一件不合身的衣服，捨不得丟，一直留著，覺得

哪一天一定會派得上用場，也許瘦一點穿好看？或是胖一點穿更有線條？可能下一次去哪裡玩的時候就把它穿上吧？好像衣櫃都爆炸了，卻沒有一件適合自己。

永遠有很多很多理由掩飾懶惰，「改變好辛苦還是繼續這樣下去吧」，有人說這是因為年紀小很懵懂，不管什麼事都很容易感到糾結。現在的我（都到了這把年紀？！）對每一個選擇都認真考量，面對現實，下定決心後，毫不猶豫，也不許自己後悔，因為曉得既然選了這條路，就不需要去羨慕另外一條路的精采，不管做什麼選擇都對自己負責。

不合身的褲子、穿不到的衣服，就帥氣點，丟了吧！送給更適合的人！

讓自己不開心，合不來的朋友就遠離、少聯絡，真的不必硬要揪！

接下來不管交朋友、談感情都不要勉強，用足夠的努力，換來讓自己舒服自在的人、事、物，然後好好待著。有天會發現，有更多方式都比死守來的好。

牡羊座萬歲

這篇獻給 12 星座中最衝動的牡羊座，跟我一樣的牡羊座。

老覺得牡羊座的女孩，過的比一般女孩辛苦些，小時候我們總是橫衝直撞不計後果的向前奔，然後一身傷的回家，也不敢說痛。

交朋友的時候，總是兩肋插刀渾身義氣的替朋友出氣：對方領情，可能因此結交了一輩子的姐妹；萬一不領情，也可能就此不相往來。傷心了，還是要愛面子的說算了我不在意，殊不知回頭看著舊照一臉難過的表情根本無法形容。

戀愛的時候，永遠不計較付出會不會超過自己的底線，只知道愛著他，用自己的方式守護著、傻著；倘若有第三者出現，絕對不會允許自己哭出來，永遠很大聲的說：隨便你！用力甩上門那一刻心也碎了滿地。

眼淚這麼丟臉的東西，只留給自己。

牡羊座女孩看起來機歪、講話大聲、總是大口吃肉大口喝酒，不溫柔也無法嬌滴滴，卻從來都是為了愛用盡所有力氣，更不會想要害人。

現在的我，深愛自己的牡羊座，縱使偏愛牡羊座也想為其

他星座多說一句話。

　　我喜歡摩羯座，腳踏實地，意志力強、處處謹慎，把事情交給摩羯座的朋友，可以很放心、很安心。

　　我喜歡水瓶座，銳利的觀察力、有冒險的開拓精神，跟水瓶座的朋友談事，都可以有無限的天馬行空跟創造力。

　　我喜歡雙魚座，夢境般陽光的美麗、心地仁慈，雙魚座的朋友容易被感動，一起談心總能感覺被了解，也能一起又哭又笑。

　　我喜歡金牛座，誠實、安定、忍耐心堅定，跟金牛座的朋友共事，真的會很欣賞他們做事很小心，凡事講求方法。

　　我喜歡雙子座，足智多謀、八面玲瓏、懂得隨機應變，跟雙子座的朋友相處，真的像吃了一顆聰明豆那樣，什麼事都變得有趣。

　　我喜歡巨蟹座，體貼、關懷、有包容力，巨蟹座朋友的存在是一種被保護感，總能讓人覺得很溫暖，很有母愛。

　　我喜歡獅子座，樂觀、熱情開朗、慷慨大方，身邊有非常多獅子座的夥伴，只要有他們在的場合，都會開心的不得了，邊玩邊工作的感覺。

　　我喜歡處女座，精確的觀察力、堅持、勤奮，在處女座的朋友身上總能學習到那種追求完美、不氣餒就能熬出頭的能量，很多厲害的名人都是處女座的 。

我喜歡天秤座，邏輯強、善於分析、還有天生優雅，唸書的時候，天秤座的朋友總是能比誰都不疾不徐的把考試重點準備好，還會大方的分享給我（笑），難怪人緣那麼好。

不知道為什麼大家都怕天蠍座，但我很喜歡天蠍座，很細心、也堅持追求事情的真相、對朋友講義氣、天生的性感魅力，有兩難的問題需要精闢的選擇，請教天蠍座的朋友就對了。

我喜歡射手座，正直坦率、有幽默感、對人生充滿理想，出去玩一定要有一個人是射手座，場子會熱鬧嘻嘻。

不管是哪個星座的人，都是很多優點的，把自己變得很棒，朋友自然會一起走得久遠。

靠自己

　　我很愛笑，總覺得再艱難的事，笑一笑然後很努力就會過了。

　　這幾年越過越快樂，很多原因來自於——除了努力工作領的酬勞之外，其他的人事物對我的付出，我都視為一種恩典，對別人的付出，都視為心甘情願。

　　不會覺得別人應該要為我做什麼，也不會因為自己為別人多做了什麼，就等著要回報，時時心存感謝，也要說出感謝，這樣一來，就不會有責任與義務的迷失。

　　就像我跟先生有個相處習慣很棒，無論對方多做了什麼，即使只是幫一個小忙，都會說謝謝。兩個人互相感謝，也互相珍惜。

　　對於一個女人最重要的，除了我愛的人說的那句我愛你之外，還有一個就是我們非常清楚能夠靠自己。無論戀愛、婚姻狀態目前如何，都要記住，自己感到幸福的那種幸福就是最幸福的了。

　　從二十歲到三十歲，故事居然能多到一本書還寫不完，別忘了，每一件事都盡可能地努力把它變漂亮，處理的漂亮也好、冷靜的漂亮也好，世界這麼大，我們這麼渺小，真的沒有什麼

過不去的。

　　現在，大家很少叫我加油，反而是要我休息一天，那天別加油了。

每個人面對同一件事情的勇氣不一樣

不知道什麼時候開始，每天臉書私訊都回覆上百封的各種問題，也常瞬間收了很多不同的情緒，可能戀愛、學業、工作、選擇、人際關係甚至原生家庭等等，一封一封仔細閱讀回覆，站在你的角度理解你，可以給予建議、安慰、傾聽。很開心得到你們信任，毫無保留把這些祕密跟罪惡感、還有無論多不堪多不幸的事都想告訴我，真的很希望你說完也就想通或是輕鬆了。

有件事大家不知道，通常在回覆訊息的時候，我不會打開你們臉書的個人檔案看，第一是因為太忙，第二是因為我不想貼標籤在任何人身上，永遠不會因為長相、身高、膚色或是性別，就在回覆時有所差別，因為我了解無論是誰，都有一樣幸福的權力，也會面臨難受的事。

相信我！漂亮的人不會比較容易幸福，清湯掛麵的你也可以很精彩。不管別人怎麼看你或是你怎麼看自己，在我眼裡，凡是想說說話的，還是想從我這裡學到或得到的，我都歡迎都認真看待，也衷心祝福。

相對的，學會停止抱怨也很重要，畢竟每個人都有不同的煩惱，除了聽你說說解憂之外，不可能替你出手解決；除了給你擁抱打氣鼓勵之外，勇氣是自己要給自己，最後還是得要你親自面對，不是嗎？當大家輪流向我訴說生活上的苦，其實我就相反的非常需要孤獨、需要靜一靜，因為過多負能量、太多感同身受，更多想跟著你們哭你們笑的情緒得消化。

還有件事你們也不知道，有幾個時期看著大家的煩惱會覺

得好累好沉重，因為我正在面臨的事其實非常重大且不可逆，而你的煩惱只是同學不理你、或是工作薪水低。

並不是一個 100% 正面能量的人，我也會恐懼、會焦慮不安、會鑽牛角尖，也會感覺難受、會罵髒話、會生氣、會失望、會難過。曾經面對的打擊跟無可奈何，更是沒人能體會的，但是我沒時間抱怨！眼睛睜開後所有的時間得拿來扭轉、拿來拼命、拿來堅持下去！真的沒有時間把煩惱放大！怪別人怪社會怪政府怪地球！

每次看到有人抱怨父母要她交出薪水的 5000 就氣得要死要離家出走、為了買不到手機就跟父母大小聲、在學校的人際關係出問題或是談戀愛不順遂、家人不同意，就自怨自艾就有輕生念頭，我都覺得好可惜好緊張，有時候其實慌張不知道怎麼幫忙，除了多一些關懷跟鼓勵，不知道還能做什麼。有一次陪一個想輕生的女生聊到清晨六點都要瘋了，快睏死也不敢下線。

只希望大家都能多為自己的生活負責，學著消化自己的情緒，變成更好的人。

你的問題真的很嚴重很大嗎？還是只是想說出來而已？除了問題，有沒有檢討過是不是自己的問題？

討厭比較，所以不會要你們比較看看自己其實有多幸福？

我很能理解，每個人面對同一件事情的勇氣不一樣，所以我只想讓你們在我這裡，多得到一點點溫暖和勇敢。

最強大的奢侈品是自己

常說：「貪便宜買的東西，只會在付錢那一刻感覺很開心，之後的每一天都會很痛苦；高品質的買東西，只會在付錢那一刻感覺很痛苦，之後的每一天都會很開心。」

其實嫌貴的人、貪小便宜的人，不一定沒錢；爽快的人、不吝嗇購入的人，不一定富有，只是愛自己的程度不一樣而已。

不要異想天開，期盼好的東西能便宜買到；問問自己，好的東西為什麼要便宜賣？我最討厭有人說：「可是那很貴耶！」除了名牌奢侈品以外，我認為好的東西就應該有好的價值，那好的價值怎麼會有便宜的價錢呢？尤其是女生，千千萬萬不要把錢省錯地方了，對待自己的臉皮跟身體健康，才是最需要花費的。

有一句話很殘酷，但也很有道理：「不要再嫌好東西貴了，要檢討為什麼自己買不起。」好令人討厭的話啊，不過也挑不出什麼毛病。

還有，**女人最強大的奢侈品絕對不是愛馬仕，不是 LV，不是香奈兒，是妳自己。**

最重要的是一個人卸下所有裝飾之後的樣子，接著才有可能輪到愛馬仕、香奈兒那些東西。永遠不要忘記，最無價的奢

侈品是自己，一定要把自己照顧好，很努力把自己變成自己喜歡的樣子，這樣一來，無論是什麼品牌放在身上都可以加分；相反的，不把自己照顧好，拿再多愛馬仕，好看的也只是那一個愛馬仕，不是你！

　　真的不要只會一味地省錢，應該要努力的賺錢，懂得花錢，讓自己有能力創造更多機會，給胃吃好的、給臉皮用好的，會發現，終究都會回饋在自己身上。與其省錢讓自己吃不好的食物，導致營養失衡、皮膚變糟、口氣不好、氣色很差，倒不如投資自己，好好保養、好好吃飯、好好補充蔬果和水分。

　　只要願意，**不管自己現在是什麼年齡，人人都有美的權利和責任**。

　　我要當一個愛自己的人，要不要跟我一起？

討厭我的人多的去了，你算老幾

小時候，我真的很在乎別人怎麼看我；那個人喜不喜歡我？說這句話是不是太不留情面？後來發現自己會怯場退縮，是太在意別人怎麼看。

當自己沒有犯罪、有孝順父母、有拚命工作，也有很認真生活了，就別太在意別人對自己的看法了，討厭我？拜託！你算老幾？去後面抽號碼牌吧！

調皮一點，這樣就會舒服一點、也看開一點，算是一種逃避，逃避那些明明跟自己生活沒關係，還老是想針對你的人生發表一篇論文的路人，微微笑，用心裡那支「關你屁事機關槍」掃射他吧！

現在很少人會真的關心你成功的背後到底付出過多少的艱辛或努力，更少人會記得你這些年摔得痛不痛、撐得累不累，有些人只會看妳最後站在什麼位置，然後不屑或是八卦，羨慕或是嫉妒。

所以無論是誰、無論站在哪裡，都要學會平靜。
真正的平靜，不是避開車馬喧囂，而是在心中小心翼翼的呵護一朵花開；不管開什麼顏色的花，有多大朵，只要自己覺得漂亮就好。

　　我聽過有人罵某個人是過氣藝人，我真的好想問，那請問先生，您貴姓？

　　不要老是想要罵別人，那只會讓自己看起來得意地像個笨蛋。

最驚悚的一晚

　　現在，我要說的這個故事，是這 30 年來最驚悚的一個，那年我剛滿 22 歲。

　　當時，我開的是人生中第一台車——小紅，大約是買車後的第 2 年，記得那天剛參加完高中同學的喜宴，準備回家的路上，想順路買兩杯巧克力給家人喝。

　　我把車停在一家 85 度 C 門口，拿著手機、包包、鑰匙下車，向櫃檯點了兩杯巧克力後結帳，店員說因為人比較多，要等 20 分鐘左右，所以我坐回車上，滑手機等待。忽然想到忘了說巧克力要熱的，於是我急著衝下車，這一次下車，我沒熄火、沒帶手機、沒拿包包，衝到櫃檯前說：「不好意思，剛剛兩杯巧克力要熱的喔！」才說完，一轉頭，車就不見了！

　　愣了幾秒鐘，回想是我沒開車？還是車子瞬間被拖吊了？慌亂中，問了坐在門口的情侶有看到一台紅車嗎？他們說剛剛開走了！

　　開走了？真的是腦袋一片空白，我全部家當都在車上，怎麼辦才好？

　　我下意識的攔了一部計程車，跟駕駛大哥說我的車被偷了，可能要之後才能還車資，並請他往前追，還借了手機報警，但警察要我回到 85 度 C 門口，不要追，他們要來做筆錄。這時也只能聽警察的話了，於是我請駕駛大哥回到剛剛上車的地方，就在他迴轉時，我看到我的小紅就停在前面，等紅燈。

　　那幾秒的時間好緊張，我看進小紅的後視鏡，一個戴帽子的男生正開著我的小紅，我發抖的喊：「大哥，前面那台是我的車。」駕駛大哥聽了也很緊張，居然要下車幫我去理論，搶車的人發現有人接近他時，就立刻闖紅燈向右轉逃走了，我再次借手機打去警察局，大叫：「車子就在我眼前，我該怎麼辦？」警察一樣說：「就跟妳說不要追了，我們現在所有的警察都在幫妳找，我們有警網啦，妳趕快回 85 度 C 做筆錄，」我只好回到 85 度 C，警察一下跟我要身分證、一下跟我要駕照，拜託啊！我全部、所有、一切都被搶走了，是要怎麼給你？

　　做完筆錄，搞了好幾個小時，回到家已經凌晨三點，我計算著我的損失，剛領的薪水，還有剛去 ATM 提領的待繳房貸、兩支手機、相機、家裡鑰匙、車鑰匙、公司鑰匙、提款卡、信用卡、老闆娘送的名牌包包……所有一切！當下只覺得我毀了，頓時之間一無所有。

　　那天晚上全家陷入很奇怪的氣氛，大家沒辦法睡，我好喪志，覺得自己沒有熄火的疏忽，竟然造成這麼大損失！那一晚我坐在地板上，地板冰冰涼涼的……

　　突然覺得已經這麼慘了，不能還這麼消沉，那一秒站起來，進房去洗澡、洗頭、化妝，跟朋友借 3000 元，先去拍證件照，

接著去健保局、戶政事務所、銀行，把所有的證件都辦回來，還打電話跟朋友說：「厲害吧，我一個早上就把所有的卡都辦回來了。」結果朋友回我說：「妳有辦法一個晚上丟那麼多錢，就要有本事一個早上把這些辦回來。」

覺得相當有道理耶（笑）。

第一時間把家裡、公司的鑰匙都換掉，因為包包裡有我家的地址及公司的地址，把這些事辦完後，振作起來繼續工作，即使這一晚很驚悚，地球也還是繼續轉動。

幾天後，媽媽小心翼翼地問我，還難不難過？我告訴她，換一個角度想，其實就不難過了，也許這位搶車的人是真的很急著用錢吧？他可以借、可以偷，會走到搶車這地步，會不會是家裡有人生病了？如果這筆錢可以救他，就當是幫個忙吧！

換個想法比較好過，雖然是一件這麼可怕的事。

兩個月後的某個早晨，本來當天約好業務要看車，忽然接到警察局來電，找到我失竊的車了，被丟在當初他闖紅燈右轉的那個橋下，偷車賊應該是把值錢的東西拿走就跑了。看到我的車那一刻，簡直要哭出來，車頂上有滿滿的樹葉，車輪都長

青苔了，我立刻帶著小紅去洗澡大美容，還順便換了鎖。

　　再後來，我把被搶的東西一個一個買回來，手機、包包、相機，都要買得跟當初一模一樣。也算是給自己的一個大警惕。因為自己的疏忽，導致這麼嚴重的後果，誰的錯？我的！所以怪不了誰，要自己負責。

　　我的每一次失去，都能從中得到更多的勇氣，還有面對事情的韌性。

不要跟強詞奪理的人相處

2
2
0

我討厭衝突、討厭很不堪的吵架跟無意義的高分貝來往。

所以在生活中盡量小心謹慎，遇到有可能釀災的場面，絕對第一個離開走掉，我不喜歡跟與自己生活沒什麼關係的人進行辯論，更不想與誰拔刀相見。

如果有人故意要打亂自己的生活節奏，請記得，冷靜、冷漠、冷處理。

永遠不要跟強詞奪理的人相處，因為智商差是這世上最難彌補的距離，情商差更是這世上最難計算的試題。

如果有人故意視妳為敵，千萬別以為放低身段，就能消除誤會跟挑釁。

其實無論妳做什麼或做了什麼、無論妳改變什麼或變成什麼，這般劣質心態都不會就此罷手的。因為那樣的人之所以與妳為敵，並不是妳真的做錯了什麼，而是因為他們需要數落妳這個敵人來滿足自己的不足。

別忘了，意志薄弱的人，總喜歡與人爭論對錯，真正強碩的人，根本不在乎別人口中的八卦是非，只要內心不亂，就沒人能搗亂，堅強一點，別輕易被影響了！

你怎麼對我，我就會怎麼對你

我是不好相處的；有很多原則很多顧忌。

曾經一個姐妹介紹新男友給我認識，而我知道那男生是有吸毒的人，那我真的只會打招呼就離開。以前會找個時間苦口婆心的勸朋友，但是現在不會了，哪個女孩遇到愛情不盲目？只能期盼她縮小傷害、早日醒來。喔！尤其賭、毒是我最大地雷。

我的直接，在小時候表露無遺，但是長大以後知道，與其說話直接傷到人破壞氣氛，倒不如不要多說，過於我行我素是不負責任的行為，所以當我話少不想說就是懶得說。不知道從什麼時候開始不喜歡交新朋友，因為懶得介紹自己的種種給無法一見如故的人認識，尤其面對陌生人我很詞窮，私下的我不太好相處，因為長得不可愛，不笑又很兇、嗓門大、也不是溫柔的料，所以不了解我的人，跟我聊起天來恐怕有點像在吵架。

「少說一句」是我一直想學會的事，我知道嘴巴贏不是贏，讓人心服才是學問。

我一直是個熱情的人，只是這樣的熱情可能不是每個人都領情，久了，看起來竟然變得冷漠（苦笑），是的，只要沒有男友姐妹朋友在身邊，我就是極冷漠的一個人。雖然心裡是熱情的沒錯。

　　你怎麼對我，我就會怎麼對你，這句是父親告訴我的一句
話，他說如果有人有恩於妳，一定要在有能力的時候加倍還給
人家恩惠；如果有人存心傷妳，一定要記得把門關上，不要給
別人傷害妳的機會。一直到現在，我仍然會一不小心太熱情太
熱心，以為其他人能懂自己所以傷到自己。不過算了啦，很快
就會忘記了。

　　你對不起我，那我就冷漠無感的回應；你對我好，我會用
一輩子來加倍奉還。

可以不痛為什麼要忍？

　　拼命的那幾年，不太允許自己生病，只要生病就只給自己一個晚上的時間來恢復，老是稱自己生化人，也因為粗手粗腳習慣了，有時候撞到、傷到，就摸一摸說沒事不痛了，畢竟，是非常能忍痛的人。

　　有次先生說：可以不痛為什麼要忍？真是一語驚醒夢中人，以前的我老是用最笨的方法解決事情，把自己痛到真的受不了，可是也過關了，我一直都是這樣對待自己。

　　第四次昏倒後，有段時間我身體很差，在調養的過程中也減少很多工作量。在第一個沒有行程的下午，先生提議要帶我去一個很涼快的地方喝咖啡。那時候我畢竟已經習慣緊湊的忙碌好幾年，緊張的情緒一時間改不過來，一直無意識的呈現很焦慮的狀態，連停下來喝一杯咖啡都不知道該怎麼放鬆，覺得慌，覺得兩手空空的，覺得怎麼會沒有事情找我？是不是收訊不好還是手機壞掉了？先生說：「連續拼命七年了，妳夠累了，休息一下吧。」要我抬頭看看山上的綠樹，低頭看看腳下的溪水，試著放輕鬆一點點，我才真正意識到，輕鬆一點是被允許的，速度緩一點也是可以的。

　　不要勉強自己，就像生活裡的大大小小事，有堅持、有努力很好，但我不覺得要一直加油，很多事情真的就只需要努力，

到了該放棄時也要懂得放棄。

當我把腳步慢下，發現很多從前錯過的風景，也開始記下很多值得喜歡的事，每一天我都會找出一個喜歡的東西，讓自己愉快。

喜歡今天涼涼的風、還有淡淡的妝跟新的唇膏；
喜歡陽光、喜歡天窗、喜歡晚霞、喜歡剛露臉的月亮；
喜歡從我身邊經過的女生，她的頭髮顏色跟橘色眼妝；
喜歡旁邊在滑手機那個男生，他的白鞋跟笑臉；
喜歡商店裡店員親切的問候，跟熱情的招呼；
喜歡那個看起來很兇的阿姨，其實對她的狗狗好溫柔；
喜歡幫忙按住電梯 open 等待緩緩走來的那位爺爺；
還有那位禮讓別人先結帳的小女生。
喜歡前一位手臂滿滿刺青的大哥他的刺青，還有推門時不忘回頭幫忙後面抱孩子的媽媽撐住門。

喜歡一切充滿善意；每一個值得喜歡的小事。
你咧？喜歡今天的什麼？

要記得有一種正當防衛叫：我無所謂

有沒有發現，一個人開始注重自己外表、開始變漂亮、變帥，好像八九不離十都是談戀愛了，沒錯！談戀愛的確會讓人改變，也許是打扮、也許是心情、也許是體內的賀爾蒙作祟、也許是臉上藏不住的笑意，讓整個人散發出好聞的氣味跟好看的氣色。

但是談戀愛也會有難受的時候，冷戰中、吵架了、不被那麼愛了、失去平衡、分手，都會讓人感覺痛苦，進而影響到自己的課業、工作跟生活。有人問我：為什麼每一段戀愛的劇中，都會心碎成這樣？親愛的，別忘了，**邱比特射在妳身上的不是棒棒糖，是一把箭啊！**

我有個朋友，家境很好、家教甚嚴，媽媽一直很害怕女兒被男生騙走，一直到大學畢業以前，每天都準時來學校接送，絲毫沒有偷交男友的機會，出社會工作後還接送了一年才給予自由，她 27 歲那年才交了第一個男友，理所當然的把對方當成終其一生的伴侶，怎麼好就怎麼對他，很不幸對方還只是想要享受戀愛，以為她像一般女孩那樣，接受過失敗的戀愛或是甩人、被甩過幾次，才交往不到一年就劈腿收場。快 28 歲的她，第一次面對愛情的失敗，承受不住，居然選擇自殺走了。

我好難過好難過，因為那種天要塌下來的感覺我懂，只是

我18歲就經歷過，所以知道天沒那麼容易塌下來，痛苦一陣子就會好了；但是她太晚經歷了，她以為從此以後這個失敗會一直使她痛苦。其實最痛苦的是她的母親，縱使在靈堂我給了她一個又一個擁抱，她都還是止不住淚水數度昏厥。之後的幾年，我常打電話給她媽媽陪她說說話，有一次她告訴我：「想一想阿姨真的做錯了，把女兒保護的太好，自以為讓她不要受傷，想不到第一次受傷就這麼嚴重，當初應該讓她試著痛過幾次，也許有經驗了就不會是這種結果了。」

阿妹的《解脫》，有一句歌詞很棒：「**傷，若讓人成長，我為什麼怕分手的傷？**」是不是？怕什麼呢？給自己多幾次去碰撞的機會，不會不幸福的。

也有朋友被劈腿分手後，誓言從此要當婊子，說婊子好像過得比較開心，我只說：「當然可以啊，想當什麼都是可以自己決定的，反正怎麼開心怎麼去愛，**但請別把自己搞丟了，啊！**對了，妳會游泳嗎？」

朋友說：「我不太會，但是當婊子跟游泳有什麼關係啦？」

我說：「想玩就要玩得起，想要水性楊花，還得諳水性喔！」

要記得有一種正當防衛叫：我無所謂。
更要記得有一種選擇叫：不要最大。

心事，就是放在心裡自己消化的事

　　換一個心境比想像中的簡單：首先，把怨氣像嚥口水那樣吞下去。

　　要明白，單純的抱怨並不會帶來任何幫助，大多時候脫口而出的抱怨，只是希望別人能給予期望中的理解、同情還有安慰。

　　不要老是習慣問別人「怎麼辦」，尤其是自己的心事，因為每個人每一天都會有不一樣的情緒，也會有遇到的難題，如果總是習慣性的想要別人拉你一把，很容易漸漸被忽略，也不要總是嘴上說自己有在努力了，要知道，如果真的正在努力，根本連瞎想的時間都沒有。

　　很多人問我：有心事的時候要怎麼辦？

　　其實對我來說，「心事」就是放在心裡自己消化的事。

　　如果當天有情緒需要消化，我會早起一點、慢慢化妝，挑一件衣櫥裡頭一直想穿的漂亮衣服，把自己打扮得很漂亮再出門，讓自己的心情也跟著美麗起來。

　　也有些時候，漂亮不需要理由的，就是想要那天更漂亮。

　　常覺得一段關係裡頭，除了仰賴彼此能對愛情專一之外，也該在自己身上多努力一些，懂得整理自己的情緒、打理自己

的外表、控管自己的時間、把握自己的機會，**如果連自己看自己都覺得新鮮，對方才會持續新鮮有感。**

只要說出口，我就當承諾

我認為，每一個現在，都是我們之後的記憶，所以要認真地過好每一天。

說該說的話、做該做的事、走該走的路、過該過的關、吃想吃的餐、見想見的人，其他的少囉唆！

記得有一次，我在實驗室趕工作到晚上十點多還沒結束，有個朋友傳了一張照片來，是她鼻青臉腫在哭泣的照片，說是被男友打，我嚇壞了，立刻脫下實驗袍抓著車鑰匙要衝去她家，我邊發動車子邊打給她，緊張的說：「妳待著！不要動！我現在去妳家！大概十分鐘可以到！」一說完，電話那頭傳來她跟她男友的笑聲說：「喂喂妳不要緊張啦，跟妳開玩笑的，愚人節快樂。」又笑了好久好久，我像個蠢蛋一樣，呆愣在車上，電話掛掉後，氣哭了，還哭了很久。

我真是個開不起玩笑的人，也不太適合過愚人節。

因為非常非常容易相信，跟我說什麼我就會相信什麼：妳說是好朋友，我就會義不容辭；你說永遠愛我，我就會付出所有；妳說好需要我，我就會操手刀出現；你說要約吃飯，我就會開始找日期；妳說一起旅行，我就會準備行李。

只要說出口，我就當承諾，而且熱情不疑有他。

　　所以不要跟我開玩笑、不要隨口說說、更不要信誓旦旦，因為我就是會很相信很相信，而且相信了一次又一次，很認真的那種。

　　在這個時而美好、時而混亂的世代，最起碼要讓自己保留基本的善意。

百威

　　並不是要收留多少流浪動物、或是要捐贈多少糧食才是愛動物（當然有能力的話，多做一點是真的很好的），我覺得真正的愛動物，就是能夠細心照料家裡的每一個生命，不管是貓咪、狗狗、老鼠、兔子，包括照顧寵物的健康、關心情緒、用心保護牠到老。

　　小時候，我們家就有養寵物了，每一隻寵物都被我媽媽寵到很過分，看著每一隻動物，從好小好小到好老好老，每一次生死離別都同樣讓人難受，還記得媽媽常常摸著牠們的頭，對牠們說：「這輩子總算過完了，下輩子要投胎成好命的小孩喔。」

　　媽媽家裡至今還有三隻貓咪跟兩隻狗狗，都是收養來的，貓咪都十幾歲了，一隻狗狗兩歲、一隻狗狗也許五歲了，為什麼說也許呢？因為是從繁殖場救出來的，牠不會叫，很小就被繁殖場的人割掉聲帶了。
　　（＃領養代替購買，拜託。）

　　很多人好奇我與百威的相遇，在 2012 那年，我的一對獸醫夫妻朋友，家裡養的貓生了好幾胎，但不願意販賣生命，知道我家有養貓，於是問我想不想要多養一隻貓？就只是去看看而已，結果摸著摸著，小小的百威就在我手中睡去，把我融化到不行。

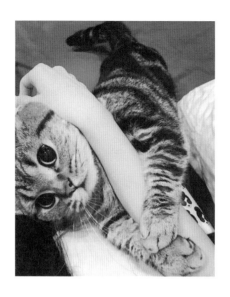

　　我在百威斷奶後就把牠帶回家，那時候小小的、笨笨呆呆的、愛玩、愛睡覺、個性很好、黏人又撒嬌，每年 12 月 31 日是百威的生日，我非常非常幸運，能夠有百威來到我的身邊作伴。

　　本來就有養貓經驗，所以養貓對我並非難事，可能是緣分深厚，所以投射在百威身上的情感也越來越深厚，我覺得牠也很愛我。

　　常分享很多養貓要注意的細節，包含空間、貓砂、貓砂盆、飲食、水分、玩具、貓抓板、剪指甲、梳毛、洗澡、清潔眼屎、擦拭耳朵、化毛膏、玩樂、關心情緒……等等。

　　身為媽媽，我很寵很寵百威，寵得無法無天，畢竟牠就是寵物，牠不用長大出社會工作，更不會作奸犯科，所以我希望牠的一輩子，都能這樣被寵愛著，也希望牠的一輩子，能再長一點。

失職還有無助

　　有一次帶百威去打每年一次的預防針，結果從凌晨四、五點開始，百威只要吃就吐、吃就吐、連續吐了五、六次，整個晚上我們只睡了一、兩小時，睡了十分鐘又會醒來，重複一直清理跟安撫百威，後來把水跟飼料暫時收起來，空腹的兒子一直喵，一直討吃，餓得讓我超心疼。

　　但百威只要進動物醫院就情緒緊張崩潰，怕百威更嚴重，所以只好等天一亮趕快打電話到動物醫院，醫院說可能是體質改變，忽然對預防針過敏，大概會有發燒跟嘔吐情形，要空腹幾小時，要先吃藥。

　　於是先生奔去拿藥，再奔回家餵藥，五歲的百威第一次吃藥、第一次生病，真的是嚇死媽媽我本人，我終於了解當媽媽的對於生病的孩子那種心裡難過，感覺到自己的失職還有無助，真的是會這樣。很想替牠痛、替牠難受。

　　還記得那天，我取消一整天所有行程，就待在家顧百威，但還是一堆工作，一堆人要聯絡，一堆文件、合約、剪接、企劃，整個人心煩意亂的。

　　看著百威累著餓著睡倒在身邊，時不時站起來去看有沒有吃的，唉一兩聲又倒回來睡，我真的好心疼卻也幫不上忙。

　　只能不停的安撫牠、摸牠，告訴牠：「再幾個小時沒吐就可以吃了喔，忍耐，加油，媽媽陪你喔！」直到半天過去了，精神、症狀才慢慢好多了。

　　百威那一次病，著實把我嚇壞了，有時候回想到那一天，百威無精打采的樣子，心還是會酸酸痛痛的，原來媽媽就是這樣擔憂的心情啊！

媽媽愛你，也謝謝你愛我

　　每天一回到家，才在門口掏磁卡，聽到聲音就衝到門口來迎接的是百威，我什麼都沒做（連鞋都還沒脫），就先高分貝的呼喊牠、摸牠、親親牠，有時候我還會直接躺在地上先聞聞牠、抱抱牠，想讓百威知道，不是只有牠顧家一整天想念我，我同樣的也很想念牠。

　　最幸福就是我們相擁在一起，接著不管我做什麼，百威都黏在我身上跟緊緊，洗碗，牠蹭在我腳邊；卸妝、化妝，牠坐在鏡子旁邊；敷臉、保養，牠就躺在我椅子旁的箱子上；洗澡，牠就站在浴室門口等我；睡覺，他就鑽進被子呼嚕；早上，鬧鐘還沒叫我，百威就先喵我起床了。

　　在百威身上，我看見了無比的信任與互相的依賴，就像擁有了孩子一樣，心裡有牽掛，感覺整顆心都被圓滾滾的百威填滿滿的，在生活上變得更努力，只想給牠好的品質，無論是玩具還是貓砂、飼料，沒事不想晚歸，因為百威在等我，更不想遠行，如果說還不想去蜜月旅行是怕太想念百威，不知道會不會被笑？

　　百威豐富了我的生活，再也不會感覺孤獨，每天都有個小胖子在等我，很奇妙，我總覺得牠能理解我的情緒，常常一個眼神、一個翻滾，就被安慰了，有時候想想，其實不只是百威

需要我，也許我才是需要百威的人。

　　每一個有飼養寵物的人都知道，總有一天必須分離，但我們也都曉得，當這天真的到來的時候，永遠都沒辦法真的做好心理準備。

　　如果可以，真希望百威能陪著我到 80 歲，不知道壽命的長度是怎麼被決定，但只要我擁有牠的每一天，會讓牠每一天都很幸福。

　　謝謝百威，媽媽愛你，也謝謝你愛我。

恨人有；笑人無

當你有了某件值得令人崇拜或是羨慕的東西，他總是開始無限循環的羨慕、嫉妒、恨，不想承認你的努力而批評你，不想承認你的成功而抨擊你，對於你的擁有，既耿耿於懷又不屑一顧。

當你失去了或不曾有某件值得令人崇拜或是羨慕的東西，他就笑你，帶著可憐、訕笑並且炫耀，放大你的失去，檢視你的失敗。

我的朋友名單，絕對不會讓這樣的人加入。

在我辛苦工作的那幾年，曾經認識一個女生朋友，有幾次也見到了她的男友，很多次都會有意無意地跟她男友說起我，說不了解我這麼拼命工作是為了什麼？不就少一個爸爸嗎？說這麼高的女生不可愛、說我的長相、我的一切，輾轉聽了幾次、也當面聽了幾次。

我一直不太懂為什麼要把我當成他們情侶間聊天的話題，後來才知道，原來她男友有一次隨口說了一句：「現在很少漂亮女生會像小樂一樣這麼努力工作了，滿佩服的。」從那一刻開始她便把我當成假想敵，開始嘲笑我沒有的，開始真正的恨我擁有的。

漸漸的我不隨便把人當朋友了，也遠離這種「恨人有，笑

人無」的朋友，這樣的人，根本不是朋友，真正的朋友是會真心祝福跟互相鼓勵的才對。

有人說，信任就像一把刀子，給了身邊的人，就是一種賭博，你不知道他們會拿來傷害你、還是保護你？如果你也被信任的刀子捅過，就不要傻傻的，太快把刀子分給每個朋友。

別忘了，對自己生活周遭都謹慎的朋友，才是好友。

給父親的信

給我最愛的藍波老爸：

這麼多年來，即使聽不到爸爸的叮嚀、提醒、道理，摸不到、見不著、觸不到溫度、卻常感覺你在。

每一個鼻酸的時候，我習慣性向上仰望，怕眼眶的淚水客滿。

時不時的抬頭看看天上的雲和星星，我知道不管白天還是黑夜，你就在那裡。

已經是大人了，但是過度想念還是會變成無助，以為哭完就是痊癒的開始，卻意外得到倔強的骨氣。

常常很想要像小時候那樣，耍賴的在沙發上假裝睡著，因為你總會在放棄叫醒我的時候，把我公主抱到房間再幫我蓋上被。

只是最後一次，偷偷張開一隻眼瞄一瞄，才發現你是真的不見。一年又一年，慢慢了解回到過去的路途很遙遠，根本到不了。

不管現實多現實，體內的光明因子，也不會有所遞減，因為你說，不管多黑暗，只要沒下雨，一定看得到最亮的星星。

看到很多父親有女萬事足的表情，不知道在你心裡有沒有這一抹笑臉？

我承認我也會不爭氣的幻想：如果你也能在婚禮上，給我

臉頰一個吻，那該有多好。

　請放心，我很好，很多人都對我很好

　我結婚了，公公、婆婆、先生都很疼我喔。

　我愛你，爸爸♥

父親節

　　也許看起來是成熟的女人了，不過心裡的那個女孩依然存在。所以也自我矛盾得厲害，我也有很多夢想，只是面臨現實時往往選擇妥協。因為我不是一個人，要負責的是連父親那個部分：對媽媽的照顧、對家裡的關懷與責任。所以我只求每天接近夢想一點點就好。

　　我媽媽很喜歡跟人家說：「這是我小女兒。」，我哥哥喜歡跟人家說：「這是我妹。」這些就是他們對我的信任與依賴，我是很享受的。

　　也很多人問我怎麼孝順？簡單來說就是：不讓父母傷心、不讓父母擔心、有能力了就讓父母開心。如果曾經因為青春期講出忤逆父母的話，請盡快厚著臉皮道歉！有些話父母會記住一輩子、難過一輩子、放在心裡一輩子，別等到來不及說了才讓自己後悔一輩子。

　　父親離開的那一年，我們家沒人提起父親節，但是那天我們會提早回家，三個人一起吃個飯，只是很靜默。還有一年，有人私訊問我：「請問今年父親節有沒有推薦什麼禮物給爸爸？」還有一次，甚至有人私訊問我：「妳沒有爸爸喔？」其實一開始是很傷心的，總覺得自己少了爸爸好像就不完整了。

　　有一年我忽然想開了，在父親節那天我請媽媽、哥哥一起外出吃飯，還包紅包給媽媽，把要給父親的那一份也給了母親，

從此以後，我們跟大家一樣有父親節可以過。**有些事不說是結，說了是疤，那就讓它結成疤吧！**

　　這幾年，每到了父親節，我收到更多的訊息，有些來自於朋友、有些來自於網友，每一封我都有看到，真的是淚流滿面很感動。

　　你們說，父親節除了想到父親就是想到小樂了，想在這天特別關心我 ，希望我開心，也傳來了與父親同樂用餐的照片，還與我分享，敬我一杯。
　　你們說我不是一個人，沒有爸爸沒關係，放心，還有你們在。很幸運，在父親節這天，收到了大家真心的祝福，謝謝大家如此這般對我。

請不要給我時光機

我看過很多百看不膩的電影，其中一部《珍愛每一天》，每次看都讓我哭得不能自已。男主角是時空旅人，當他發現自己有這種能力時，他選擇每一天都過兩次，因為一次會過得比一次更美好、更順遂、更不犯錯。我很羨慕，因為他可以一次又一次的回去看已經離世的父親，可以一起打球、談天，就像爸爸沒有離開他一樣。其他我就不多說也不爆雷，有時間請務必看一看。

我想說的是，我相信大家都曾經有過一些念頭，比如「早知道我就……」，或是「如果能夠再讓我回到那時候……」，但是認真的想一想，如果因為知道未來是什麼樣，就什麼事都不做，那也許就會遺憾變成快樂，快樂變成遺憾。

未來之所以充滿希望，不正是因為看不見也無法預知嗎？對於我來說，實在是一點都不想回到過去，過去太辛苦太難熬，**請不要給我時光機，我並不想回頭。**

常開玩笑說，如果有一天能遇見過去的自己，一定賞一巴掌上去，也許是哭著、也許是笑著、也許是心疼的問：妳到底是做了多少辛苦的事？

但如果真的要強迫我坐上一台時光機，我想回到有爸爸的

某一天，一下子就好，再看爸爸一眼、抱爸爸一次，這樣就夠了。

跟每個喜歡我的人擁抱

　　我的世界很透明，每天把想法跟生活都分享在臉書上，很享受目前的狀況，感覺擁有一個溫馨又屬於自己的小天地，覺得被理解是很幸福的。

　　因為懶惰，懶得認識新朋友，也懶得花時間讓人不看外表評論而真正了解我；因為很滿足，沒有想要別人想要的那種更紅了。我了解，只要自己心裡很滿，就沒什麼好比較的。

　　如果問我此刻有沒有夢想？唯一的就是：好想跟每個喜歡我的人擁抱。

　　還記得我哥在我很小時就跟我講過：「我發現妳很有影響力耶，而且妳很容易召集大家團聚在一起。」從做品牌開始，就有一種大家都陪著我的感覺，真的沒有想到自己會有這種影響力。

　　每一次有公開活動，來的人都出乎我意料的多，我沒想到有人願意分享一個下午的時間給我，就是為了過來看看我。好多人看到我，第一個反應竟然高興得哭出來、緊張到說不出來、身體不由自主的發抖、或是快樂到不行的一直跳，這是我想都沒想過的，到底為什麼啊？

　　我才開始理解，也許一直以來，我面對生活的堅持、面對人心的寬容、面對自己的努力、面對困難的堅強，甚至是無意間做了一件事或講了一句話，就足以對那麼多人造成影響，覺得很不可思議，這些人真真實實存在著。

　　每次直播，不管說什麼，只要有空的人就湧入陪伴我，有

時候心裡挺難受，但跟大家打打屁、聊聊天就會好很多，即使很多新朋友常丟那些才剛跟大家苦口婆心的第 100 遍問題，我都皺眉頭說：「昨天不是才剛講過嗎？」接著也是會苦口婆心的再講第 8000N 次，有時候我也懷疑自己，歐巴桑性格是哪來的，到底為什麼這麼囉唆啊？可能因為從第一次到每一次都想要跟大家一起越來越好。

有廠商找上門，我一定是最難搞那個，規則多、不妥協，爛就是爛、好才是好，肯定默默得罪不少人，但也很絕對的留下可以交流溝通的人。

每個一起努力的朋友、夥伴、姐妹、一起共事過的同事，雖然不是天天聯繫，但永遠是最強的後援會，我常莫名想起某件事、某個場景、某個一起經歷的笨蛋事，然後噗哧一聲笑出來，我的這一生能擁有這些，實在很感謝。

對我來說，家是最重要的，努力的一切也都是為了家人，感謝媽媽的笑臉這麼令我安心、感謝哥哥一路支持，爸爸走後，我有幾年以為這輩子只剩媽媽跟哥哥，開玩笑說：「我們家的人數，居然連一桌麻將都湊不齊！」但隨著每個人在心裡的分量越來越重，我真的多了好多家人，根本可組成足球隊了。

還有這些年與先生的相識、相知、相惜，彼此照顧跟呵護，雖然牡羊座的我們「牙」起來也是挺恐怖，但由衷的感謝，我們都出乎意料的一起變成更好的人。

未來也麻煩大家了。

最後一天

不知道正在看這本書的大家，有沒有設定自己的最後一天是哪一天？又會是怎樣的？80歲？50歲？或者是要完成什麼事之後，即是一生足矣？

跟大家分享一下，我人生的最後一天：就是每一天睡前。

昏倒過這麼多次的後遺症，除了短期記憶會忘記或想不起事情、忽然的無力癱軟、失去一些能力，最嚴重的就是腦裡面還有一個個零星小血塊在流動著，這幾年有很多次頭都痛到眼睛睜不開、一個光點散不去、甚至是眼前一片漆黑，有時候暈眩嘔吐一整天，吐到沒有東西可以再吐了為止，所以每一個可以健康舒服的時刻，對我來說都很重要。

每天回到家裡，整理房間、卸妝、洗臉、洗澡、洗頭、吹髮、所有的保養做完了，抱著百威、牽著先生，坐上床，準備睡覺的那段時間，就是我人生的最後。

那十分鐘裡，我會反省、會思考：「今天有沒有不小心說話傷到人？有沒有忘記告訴誰我愛他？有沒有無意的做了讓人家不舒服的事？有沒有記得要感謝？有沒有打電話給媽媽提醒她吃飯？有沒有記得LINE給哥哥說好繼續一起努力？有沒有摸摸百威說感謝有牠？有沒有記得跟先生說我愛你？」

如果都有記得，就微微笑地睡了，如果有忘掉的事，就趁

睡著之前做完。

　因為，我不知道是不是每一天都能醒來。

　萬一真的有那麼一天，睡一個太沉，沒有醒來，你們會怎麼想我？記得我？其實沒有什麼奢望，只希望大家能從我身上得到一點力量、一點開心、一點漂亮、一點骨氣，還有學我一樣認真的愛自己。

　這是我，帥帥的我、愛漂亮的我、很多面相的我、你們心中的我。

章逼逼：大概是 4、5 年前認識樂樂，一路上我們也這樣長大了，兩個要步入 3 開頭的女人。一直都欣賞著樂樂的大方、樂觀、正面的能量，這個是我最佩服也最喜歡的地方（身材也是啦），對朋友們的窩心，即使各自忙碌著，每當身體有狀況總能看到她貼心的問候，看著她現在也找到自己的幸福，不自覺也跟著快樂！老話一句：希望樂樂永遠幸福快樂！囉唆一句：人再怎麼堅強都有弱點，妳已經很棒了，不用事事要求完美，身體重要！在這混亂的世界裡，終究會有人擁抱努力的妳（我就讓給喬志先生抱嘍）平時不大會表達愛意的我今天火力全開了，因為太感動（淚）一起繼續有愛的過每一天吧！

美妝公關 我是 C -Christine：約莫半年前，我負責的 A 品牌需要網路聲量，公關公司規劃的網路合作案之中出現許允樂，當時並不認識小樂，說實話，只覺得是一個網路人氣很高的妹仔（是否太誠實？），沒想到成效驚人，於是對小樂有了一點印象。後來有次媒體粉絲團報導我負責的另一個 B 品牌，小樂本人居然默默留言說好用，我沒想到小樂也有在關注，感到受寵若驚，於是請公關公司轉送 B 品牌的產品，謝謝小樂對品牌的支持，順便附上自己的名片。沒想到！隔天接到陌生的號碼來電，一接起電話居然是小樂本人打電話來跟我說謝謝！（不好意思小樂，我有印象那次一接起電話，一開頭口氣不太熱絡，因為陌生號碼很怕是電話行銷或是詐騙。）

這件事情造成的心理衝擊非常大，因為，這真的是我職涯中第一次遇到這麼有禮貌的名人。坦白說，依我的角色，東西送出去，收禮者有部分會 PO 文致謝、有部分不以為意、有部分認為理所當然，所以我從來沒有預期會親口收到謝謝，何況還是素未謀面，只有我一張名片的小樂？當下對這個女生的好感度飆升，也從此認真發摟了小樂，有機會也會在職場向媒體或同事推薦這個真誠的女孩。跟大家比起來，我認識小樂的時間不算長，也不如大家深，這故事也不感人；說出來目的不是為了可以放到書裡，只是想藉這個機會謝謝小樂。我想說的是：謝謝妳這麼有禮貌，這麼熱情，這樣的能量讓有時工作有點悲觀的我，感受到人與人之間不期而遇的互動所帶來的快樂。希望妳繼續保有真摯的心，未來不論我在什麼地方做什麼事情，我都會為妳加油打氣！

左曉玫：認識小樂 4 年了，2013 年開始關注 BYLEWAY 的粉絲團，一開始我只是很羨慕樂樂能去迪士尼（我是毛怪控），漸漸的認識「許允樂」，那時候的樂已經小有名氣，我一直都覺得她非常漂亮、努力，有一次她去台中回程繞到苗栗跟我見個面聊了天，她真的很好、很完美，即使人生中會遇到一些難題，但是她努力的跨越讓自己變得更好，我很高興能被妳感染到好的能量及做對任何事的態度。也讓我慢慢養成保養的習慣，用了葵柏兒後上妝更服貼了，從以前到現在都一直很喜歡妳，看到妳心情都會變好，每天都期待妳亂入我的生活，希望妳每天每天都過得幸福快樂，愛妳。

趙薇：看到新聞報導說喬志哥交了一個女神級正妹女友，原本也只是按了追蹤加減看一下，殊不知越看越喜歡，發現這個女生好多想法跟我很像，也跟我一樣很愛漂亮，甚至有自信到可以直播卸妝，我從來沒看過誰敢這麼做的！默默的將追蹤中變成了搶先看，再細細的去看每一則貼文，甚至變成了生活中的一部分，許允樂真的影響我很多很多，那些不是具體能用文字去表達出來的，有很多都是生活中一些感受，正面的想法等等，得到了很多保養、美容彩妝等等的知識，甚至當我想到小樂說過的話，發文貼的照片，會莫名的讓自己開心，小樂帶給我們的一定比妳想像的多很多很多，我真的很慶幸能夠認識這個女生，這麼美好善良的人，這麼漂亮有自信的人，謝謝妳帶給我們的一切，我們愛妳。

陳佳君：一開始知道小樂是因為 BYLEWAY，覺得這個女生好酷好帥，明明沒見過面但卻給我很親近的感覺，給我滿滿加油打氣，謝謝小樂總是充滿正面能量，總是無私分享好用的好吃的有趣的，還有一些看事情的態度及做法都是我想去學習的，也讓我從此認真保養認真喝水，小樂有種魔力，感覺在妳身邊都是開心的，連隔著螢幕看直播也都是，喜歡小樂跟我們分享的一切。

記得第一次見面，小樂牽起我的手，那感覺好暖，有種心都被牽走的感覺。想跟你說，拜託以後繼續亂入我們的生活（祈求），然後要一直幸福著，我會一直愛著許允樂這個人美心也美的女神，我愛妳～

鴨鴨：小樂就是一個就算只講過一次話就會永遠愛上她的女生！大概有 3、4 年的關注了，從愛迪士尼的漂亮女孩，到現在的成熟人妻，一直沒有距離、想哭想笑都可以、卸妝也可以、無私的分享能夠讓自己變得更好更美的地方！也是讓大家更愛妳的原因。謝謝妳成為我生活中的目標，除了保養變美麗之外，從裡而外的自信讓自己活得美麗，自從認識妳我才開始碰討厭的白開水，現在正在慢慢和它培養感情，皮膚也真的變好了。初次見面是在台南的新光三越一日店長，原本以為會與心目中的偶像有距離感所以不敢找妳講話，沒想到小樂卻很親切的和大家聊成一片，妳對每一個人的真誠跟貼心，是確確實實讓我們每一個人感受到的，最後，我真的很驕傲有一個朋友般的女神！我會一直喜歡這位女神。

詠漢：我喜歡小樂是受我女朋友影響的，但自從見到小樂本人，甚至跟小樂聊天過後，我喜歡小樂再也不是因為我女朋友而喜歡妳，是妳的真誠與開朗的個性，讓人根本就不能不喜歡妳。

李萱：小樂每天有些故事：上班的故事、開車的故事、跟媽媽的故事、幫助別人的故事、勵志的故事、巧遇粉絲的故事。看著小樂的親切跟溫暖，也曾經在心情低落的時候得到安慰，也有巧遇小樂有幸能開心合照。知道妳一直對生活很努力，一直說自己沒表情是臭臉請大家不要害怕，真的很可愛，最後就知道善良的女孩會被王子娶回家，看看現在幸福的小樂！還有胖威！每一個小樂說的不管是用的吃的都是親自去嘗試，這點我真的很佩服，因為小樂的善良，如果有什麼問題，小樂也是衝在第一線跟大家說明，真的很謝謝妳的在乎。小樂帶給我的很多，不管是視覺上或是心靈上，小樂除了謙卑還是謙卑，是很漂亮的女生又是個很帥的女生，尤其是心很美。看著小樂每天分享生活、分享開心不開心，分享開心的事情也感染我，讓我覺得也好開心，分享不開心的時候總讓我警惕自己，是不是也有做了一些讓對方不開心的事情而自己沒發現的，讓我的生活多了很多樂趣，還有思考。

林妘潔：真的超級喜歡樂哥的友善，對每個人都很親切，會為自己挺身而出也會為了他人落淚抱不平，這就是我喜歡樂哥的原因！可能很多報導都說樂哥是網路紅人，但我覺得她是有認真在生活的人，覺得自己很花癡，自從認識樂哥這個人之後，每年都有跟她說生日快樂（好害羞），喔對！還有百威，我也超愛牠啦！其實一直把樂哥當成我的人生標準在看，或許她覺得這個身分太高抬了，可是她值得在我心裡成為這樣的一個角色，我真的真的很喜歡她。

Cyndi Wong：是高中同班同學，記得高一時我們互看不順眼，覺得妳感覺是一個很驕傲的人，卻因為熟悉而改觀，記得我第一次戴隱形眼鏡、第一次化妝、修眉毛，一起編舞、討論服裝、表演，所有的回憶，都很難忘，還有把藥物課本內外課本當成交換日記，彼此在裡面每一堂課都留下想給對方的話，一起考執照考。那幾年我在愛情路上妳心疼我、為我打抱不平、幫助我的點點滴滴，我從沒有忘記！一路上看到妳的努力、改變，越來越快樂、正向，不輕易向生活妥協，一步一步走到現在這樣，真的很替妳開心，也謝謝妳總是把變美方法分享給我們。我想說，許允樂，謝謝妳，讓我變成現在的我，教會我變美，教會我成長，要一起越來越好，越來越幸福噢。

陳小貓：約莫 5 年前，大二的時候，當時滑著臉書無意間發現了一位很特別的女孩，看起來很有想法很有個性就默默的加了臉書追蹤，結果！追蹤後發現這個女孩讓我深深愛上她，真的很有個性很有想法，美麗不做作而且非常的獨立、孝順。時常看到帶有溫度的手寫文字，句子裡帶給我很多溫暖的力量！是一個永遠充滿正能量的女孩——許允樂，但是這個女孩實在是太堅強了，堅強到我覺得很心疼啊，看著小樂每次想著爸爸流淚就想抱抱她說妳真的超棒，還有跟哥哥扛起照顧媽媽的責任就覺得好感動！自從認識小樂後我就以小樂為榜樣，想要成為一個為自己的夢想為自己的目標勇敢的前進勇敢的面對的人。

Chen Su：我是已經過了追星的年紀了，卻因為一份報導的機緣讓我認識了小樂，不得不說，她有吸引人的魅力，我仍然一直被她吸引著。喜歡她的美，不吝嗇分享給大家她美麗的保養祕訣，像我現在全家都會乖乖卸妝，真的影響力蠻大，也讓我決定自己也要跟著小樂一起變美，喜歡她的個性，完全帥氣性子，也沒有網美的驕傲（尤其是喜歡她微笑的樣子，會甜死人呀），喜歡她的孝順與貼心。在她身旁的人都能感受到，有【許允樂】真好。

羅可希：本來不想寫，因為邊想會很鼻酸想哭，幾年前見到小樂本人的那天，她正吃著小美冰淇淋很豪邁的在跟夥伴討論事情，但我比較慢熟，也沒特別說上話。還一度覺得小樂是一個很難相處的小公主。但是因為小樂實在很漂亮，忍不住默默關注她的臉書，看了好長一段時間，才發現我們有好多共同點！我們最愛的爸爸都離開了，我們腦都因為有些狀況記性不太好，我們個性有點像，愛逞強、工作狂、會逼死自己緊繃到焦慮的難婆里長伯個性、很常為了保護在乎的人讓別人覺得很難搞、很直接很衝但其實很脆弱、很愛動物、生活上很脫線搞笑……。觀察越久也越了解小樂是一個真的很努力讓自己進步，也很熱心想讓她能影響到的人都一起進步的女孩，而且她真的 很 貼 心！

看見她遇見喬志哥，被理解、疼愛著，身邊也有好多好愛她的家人朋友，這真的讓我好感動，也很欣慰！因為我們這種女生很容易被覺得我們很獨立，不需要被照顧。其實也是會有很崩潰很累想胡鬧撒嬌的時候啊！想對小樂說的話很多，但最重要的是謝謝妳，讓這個世界更有愛，也讓好多人相信只要認真生活一定會幸福的！

Lucy Chen：我認識的樂哥，每一分鐘都過得很用心也很漂亮，當心裡有感觸、感動、成長、成果時就會想跟我們分享的人，當她看到大家跟她一起開心的進步、一起開心的變好時，她都會笑得超開心的喔，還會跟我們說說謝謝呢，超可愛的！她的用心跟溫暖是可以穿透 3C 螢幕讓我們直接感受到的，如果小叮噹肯借任意門給她，我相信她是真的會伸手去握住需要她雙手的那個人。

樂哥有一種神奇的魔法，讓我過得愈來愈勇敢，愈來愈了解自己，也愈來愈喜歡自己，樂哥在亂入我的生活這部分真的非常成功，尤其是從體內保養到體外（每天喝溫水、防曬卸妝保養等），因為無時無刻都在落實。也因為自己現在一個人來台北唸書，沒人在房裡都放樂哥的直播來陪伴，所以我真的是等於每一天都被樂哥亂入的徹徹底底也心甘情願。謝謝樂哥，別忘記，我們的支持也是溫柔又堅強，在妳累了的時候請妳安心向後一躺，因為我們是真的真的都會接住妳的哦！

河豚：大概 4 年前從 LuLu 介紹小樂的衣服開始認識的，當時點進看臉書覺得：哇！這個女生好漂亮，也追蹤了 BYLEWAY 粉絲團，從那天開始都很期待新品趕快出來趕快買到，如果見到妳就可以穿到妳面前給妳看，覺得妳創作能力還有工作能力很強，也知道妳忙於工作很少在休息，不知道為什麼每次看到妳的發文，越來越有想要好好護膚的衝勁，我想學小樂一樣～怎麼說呢？就好像小樂一樣總是給人滿滿的感動和能量！很高興在臉書認識了妳，看到妳的貼文都會莫名覺得心情放鬆，有機會見面的話，希望可以熊抱小樂。

Alices Wang：無意間看到允樂直播化妝品，這女孩還真不顧形象呢！不做作，又很自然。讓我看她的直播上癮囉！影響我最深的就是不管在陌生人面前也好，在認識的人面前也好，做好（自己）很重要。允樂不止帶給我，更帶給大家無比的歡樂，不管是私事或代言的化妝品都一樣，自己覺得好才推薦，並不會昧著良心說話，真是一個真女孩。從允樂身上得到的是真誠，這樣足夠了，因為現在的人已經缺少這一塊，允樂是少見在網路活躍而還擁有的女孩。

允樂真的把臉書上的陌生你或妳當真實的朋友了，是一個好真實的女孩，我學到不管環境或人心再怎麼變，也要像允樂一樣，擁有最真誠和真實待人的心態。

Chen Ying Jhai：從大學就一見鍾情小樂，不知不覺我也快要碩士畢業了，看著小樂的頭髮從五彩繽紛到現在的黑髮，越來越喜歡啦！哈哈我是黑髮控。

永遠都記得，當我不開心被老師拿名字開玩笑時，小樂第一次在下面留言，一字不錯的打出我的名字，霎時被老師惹氣的心都被小樂給療癒了，明明是這麼忙碌的一個人，明明就不是什麼真正認識的人，卻被小樂這麼記著了（淚），才明白小樂是真的把粉絲們都當成朋友。

對小樂很心疼，雖然堅強的小樂很迷人，但過分堅強就覺得心疼，像小樂說頭受傷這件事，我真的是邊看邊哭，真的不要這麼堅強啦，幸好喬志哥出現，能夠給愛逞強的小樂一個依靠了。對我而言小樂是比任何人更讓我崇拜的對象，就像我曾經在別人的漂流本上驕傲的介紹，我的偶像是許允樂，比任何偶像都讓我喜歡的小樂。永遠都記得見面會時，小樂給我的那個擁抱。

Evie Kuan：看到樂哥第一眼後，就變成粉絲一直到現在。本身皮膚超敏感，太乾會紅癢、還會長痘痘，從樂哥為葵柏兒代言開始，我也跟著用，皮膚意外變好！連我媽媽是美容師都覺得不可思議，今年美容展還特別去櫃上看樂哥，連媽媽也愛上樂哥了。在這個人人皆小模、網美的社會裡，謝謝樂哥以真誠善良的姿態出現在這個網路發達的時代，樂哥的正面影響力太大了！我覺得這個冷漠的網路時代就是需要這個力量。一天又平安的過去了，感謝樂哥的努力。

最後

我以為把自己壓回過去面對，是一種殘忍的傷害
當我寫完這本書時，才發現，原來這是一種自我療癒。

玩藝 0059

只是想活得漂亮：
敬每一次得到或學到、每一個失去或擁有、每一種恐懼或快樂

作　　者—許允樂
攝　　影— N kuo（5pm studio）
髮　　型— Yumi Ding（FAZE）
封面設計—季曉彤（小痕跡設計）
內頁設計—亞樂設計
責任編編—施穎芳
責任企劃—塗幸儀

總 編 輯—周湘琦
董 事 長—趙政岷
出 版 者—時報文化出版企業股份有限公司
　　　　　108019 台北市和平西路三段二四〇號二樓
　　　　　發行專線　（02）2306-6842
　　　　　讀者服務專線　0800-231-705、（02）2304-7103
　　　　　讀者服務傳真　（02）2304-6858
　　　　　郵撥　1934-4724 時報文化出版公司
　　　　　信箱　10899 臺北華江橋郵局第 99 信箱
時報悅讀網— http://www.readingtimes.com.tw
電子郵件信箱— books@readingtimes.com.tw
時報出版風格線臉書— https://www.facebook.com/bookstyle2014
法律顧問—理律法律事務所　陳長文律師、李念祖律師
印　　刷—和楹印刷有限公司
初版一刷— 2017 年 11 月 10 日
初版三十刷— 2020 年 11 月 17 日
定　　價—新台幣 390 元
（缺頁或破損的書，請寄回更換）

只是想活得漂亮 : 敬每一次得到或學到、每一個
失去或擁有、每一種恐懼或快樂 / 許允樂著 . --
初版 . -- 臺北市 : 時報文化 , 2017.11
　　面；　公分 . -- (玩藝 ; 59)
ISBN 978-957-13-7205-1(平裝)

1. 生活指導 2. 女性

177.2　　　　　　　　　　　　　　　106019852

時報文化出版公司成立於 1975 年，
並於 1999 年股票上櫃公開發行，於 2008 年脫離中時集團非屬
旺中，以「尊重智慧與創意的文化事業」為信念。

Quaplar x 許允樂

油水平衡黃金比例
打造完美健康肌膚

發光肌系列

f 葵柏兒Quaplar

www.quaplar.com.tw

服務專線：04-2532-0101

葵柏兒官方網站

葵柏兒LINE@

葵柏兒粉絲專頁